기초부터 배우는

힐링 허브티의
101가지 티블렌딩

기초부터 배우는

힐링 허브티의
101가지 티블렌딩

사라 파르 지음
유주리 옮김
정승호 감수

한국 티소믈리에 연구원

허브티 한 잔을 준비한 뒤 머리를 숙여 숨을 깊게 들이쉬면, 영양성이 풍부한 식물의 향과 에너지가 당신의 감각을 새롭게 일깨워 줄 것이다.

이 세상의 모든 문명에서 인류는 허브티를 마시면서 지극히 황홀한 순간들을 경험해 왔다. 우리의 선조들이 늘 그래 왔듯이, 인류는 육체적으로나 정신적으로나 식물의 화학적 효능에 깊이 반응하고 있으며, 특히 허브티를 마시는 즐거움과 친숙함은 인류의 유전자와 문화에도 깊이 뿌리를 내리고 있다.

사람의 몸은 매우 다양한 약초들과 함께 오랫동안 진화해 왔으며, 그중 허브티는 단연 인류 최초의 의약품이라 할 수 있다. 허브를 순수한 티로 벗을 삼는 일은 인류와 자연 사이에 복잡하게 형성된 오랜 유산 관계에 영광스럽게 동참하는 일이다.

마음의 여유를 되찾고 건강을 유지하기 위해 허브티를 만들어 마시는 일은 매우 오래전부터 내려온 전통으로서 누구나 공부하면 배울 수 있다. 그와 같은 일은 지극히 감각적이고 직관적인 과정이며, 다양한 허브들을 직접 보고, 맡고, 만지고, 맛을 보는 매우 섬세한 과정이기도 하다. 만약 우리가 입안의 감각기관들을 끊임없이 단련시킨다면, 맛과 향, 그리고 촉감 등의 감각을 통해 각종 허브들의 치유적인 특성들도 잘 알 수 있을 것이다.

이 책은 인류가 허브의 맛과 향, 그리고 촉감 등의 특성들을 바탕으로 티블렌딩을 통해 창조한 허브티에 대하여 전반적으로 소개한다. 허브티를 사랑하는 독자 여러분에게 이 책을 감히 헌사하는 바이다.

사라 파르
하버허벌리스트 대표

프롤로그 2

오늘날 허브티 또는 허브 블렌딩의 시장은 최근 원재료, 향미, 포장재, 가공방식, 산지 등의 유형별로 세분화되면서 크게 성장하고 있으며, 다양한 효능의 허브들을 목적별, 상황별로 블렌딩한 허브티(herbal infusion)의 분야도 그러한 성장과 함께 최근 새롭게 유망 분야로 떠오르고 있습니다.

이와 같이 전 세계적으로 허브티 및 티블렌딩 분야가 유망 직종 및 새로운 시장으로 급격히 떠오른 배경에는 인구 증가, 소득 증대, 소비자의 건강에 대한 관심이 증가하면서 허브티 소비 시장의 성장을 견인하고 있고, 이 같은 트렌드에 발맞춰 세계적인 허브티 브랜드 업체들이 허브의 효능에 맞춘 건강 보조제 및 기능성 식품들을 젊은 세대들을 겨냥하여 인스턴트 프리믹스, 액상 및 분말의 RTD, 그리고 시럽제 등의 형태로 다양하게 개발 및 판매하고 있기 때문입니다. 실제로도 최근 미국의 한 연구 조사 기관에 의해, 미국인 5명 중 1명은 허브를 음료나 건강 보조제로 섭취한다는 사실이 드러났고, 북미, 유럽을 비롯해 전 세계에서 허브티 시장이 급격히 성장하고 있습니다.

이 책은 그와 같은 허브티 블렌딩에 자주 사용되는 허브의 기초 상식에서부터 허브의 조달 및 보관 방식, 레시피의 활용법, 기본 도구 등 허브티 블렌딩의 준비법과 미각 훈련 및 기본맛과 성질, 그리고 정밀 블렌딩(포뮬레이션)을 소개해, 힐링 허브티를 중심으로 티블렌딩에서 꼭 알아야 할 내용들을 설명하고 있습니다.

　또한 다양한 효능의 허브들을 셀프 블렌딩을 통해 직접 시연해 볼 수 있도록 '정밀 블렌딩(포뮬레이션)'의 레시피를 목적별, 상황별로 맞게 소개하고, 아울러 계절성 허브티의 레시피도 제철에 맞게 소개해, 총 101가지 힐링 허브티의 블렌딩 레시피를 전격적으로 공개합니다.

　이 책이 힐링 허브를 활용하는 티블렌딩의 세계에 처음 입문하려는 분들이나 티소믈리에를 비롯해 허브티를 전공하려는 식음료 분야의 종사자 분들에게 허브를 목적별, 상황별로 셀프 블렌딩해 볼 수 있도록 새로운 가이드를 제공해 줄 것으로 기대합니다.

정승호
사단법인 한국티(TEA)협회 회장
한국티소믈리에연구원 원장

| CONTENTS |

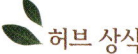 **허브 상식**

■ 허브의 치료용량은? 78　　■ 스트레스에 저항력을 높이는 자양강장 허브 85

■ 스트레스와 소화 100　　■ 마살라 차이 136

Herb Spotlight

금잔화 91_ 민들레 101_ 툴시 115_ 고투콜라 122_ 가시오갈피 128_

다미아나 153_ 카카오 163

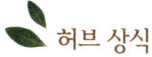 허브 상식

힐링 허브티를 배우기에 앞서

식물의 중요성

　식물은 씨앗, 뿌리, 잎, 꽃을 통해 주위의 수많은 생명체들과 연결되어 있다. 이러한 연결을 통해 식물은 질병에 대한 저항력을 높일 수 있고, 꽃가루를 뿌리는 수분 작용에도 큰 도움을 받을 수 있다. 그리고 씨앗을 확산하고 영양분의 흡수율도 높일 수 있다. 또한 식물은 특수한 화학 성분을 분비하여 주위 환경의 생명체와 교감하면서 지속적으로 변화하는 환경에 대한 정보들을 획득한다. 이러한 연결을 기반으로 식물이 생존할 수 있게 되면서 다른 다양한 생명체들도 생존할 수 있는 것이다. 즉 식물과 주위의 생명체들은 일종의 호혜적 동반자의 관계를 유지하여 척박한 환경 속에서도 생명의 안정성과 유연성을 창출할 수 있는 것이다.

　식물과 마찬가지로 사람의 몸도 상호 연결된 생명 공동체의 일부여야 한다. 사람의 신체적, 정신적 건강 상태는 주변 환경에 대한 정보의 습득과 상호 작용하는 정도에 따라 크게 달라진다. 치유 효능이 있는 허브를 간단히 물에 우려내 마시는 허브티는 자연계 내에서 위치하는 사람의 존재를 매일 일깨워 주고, 몸의 기능도 재정비할 수 있도록 도와준다.

사람은 영양분의 섭취, 의약품의 개발, 산소의 공급, 생태계의 안정, 식수의 정화 등의 다양한 분야에서 식물계에 깊숙이 의존하고 있다. 이 같은 배경 속에서 사람이 허브를 유심히 관찰하고 활용하면, 몸 안에서의 효능뿐 아니라 자연 생태계 내에서 갖는 식물의 역할에 대해서도 깊은 통찰을 얻을 수 있다. 이는 특별한 능력을 필요로 하지 않고, 허브에 대한 지속적인 관심과 흥미만 있다면 누구든지 할 수 있다.

전통과 교훈

사람은 자연과의 직접적인 관계 속에서 식량과 허브(또는 약초)를 구하기 위해 자연을 많이 활용하고 있다. 결과적으로 이러한 활동들은 자연이 사람에게 요구하는 사항들도 함께 형성시켰다. 좀 더 엄밀히 들여다보면, 사람은 자연과 호혜의 순환 관계 속에 놓여 있음을 알 수 있다. 자연은 사람을 이끌어 주면서 자연을 대하는 방법을 익힐 것을 요구하고, 그럼으로써 사람은 자연에서 치유 효능이 가장 좋고 지극히 안정감을 주는 식물들을 오랜 세월에 걸쳐서 접할 수 있는 것이다.

사람이 자연의 요구에 맞춰 생활을 조정하는 방법을 익히면, 자연은 사람이 육체적으로나 정서적으로나 온전히 충만하게 살 수 있는 환경들을 제공해 준다.

미국에서 식민지 이전 시대의 원주민들은 생존을 위해 자연 환경적인 요소들을 고스란히 수용하였다. 원주민들은 영양을 섭취하기 위해 지역 내의 생물 다양성을 활용하는 방법과 몸의 불균형을 회복시켜 건강을 유지하는 방법 등에 대해서도 잘 알고 있다.

원주민들은 자신들이 거주하는 곳에서 자생하는 식물에 관해 풍부한 지식을 갖고 유창하게 설명할 수 있었을 뿐만 아니라, 일반적으로 그러한 식물들을 활용하여 자신들의 건강도 잘 관리할 수 있었다. 물론 '허브 전문가herbalist'로서의 기본적인 블렌딩 기술도 충분히 갖추고 있었다. 그런데 식물성 음식과 허브는 해당 식물이 자생하는 지역의 자연 생태계와도 밀접한 관련이 있다.

한 예로, 미국 워싱턴주 북서부의 퓨젓사운드Puget Sound 지역에는 매우 오래전부터 원주민들이 살고 있다. 이곳의 원주민들은 자연 상태 그대로 먹을 수 있고, 의약으로도 활용할 수 있는 다양한 식물 종들을 오래전부터 알고 있었다. 그동안 원주민들이 지역 생태계의 다양성을 유지하기 위해 개발해 온 전통적인 방법들은 오늘날에도 '풍요로운 문화유산'이 되고 있다. 그들이 수천 년 동안 사용해 온 전통적인 기술은 지금도 식물과 과일을 채취할 때 매우 유용하게 활용할 수 있다. 그 밖의 지역에서도 마찬가지로 생물 다양성이 보존되면서 새로운 문화들이 이와 같이 계속해서 창조되어야 할 것이다.

그러한 원주민들이 계승해 온 지구 환경 중심적인 영적인 관습들은 이곳을 방문한 이방인들이나 영적으로 가난한 사람들에게 종종 깊은 감탄을 자아내기도 한다. 더욱이 생태학적인 지배자로서의 강한 자부심을 지닌 문화로부터 느끼는 공허감과 슬픔을 치유하기 위해 이곳을 찾는 사람들에게 원주민들의 자연친화적인 문화를 가르치는 일은 그야말로 큰 매력이 아닐 수 없다. 그러나 지금은 그러한 원주민들의 전통 문화를 폄훼하지 않고 존중하면서 이방인들이 가한 폭력적인 역사의 상처를 치유할 새로운 방법들도 꾸준히 모색되어야 할 것이다.

특히 허브와 지역 환경의 전문가가 되기 위해 기술을 배울 경우에는 그러한 기술의 근간이 되는 지역성에 깊은 관심을 가져야 한다. 원주민들에게 상처로 남은 불편한 역사를 외면하지 않고 곧바로 응시하는 것도 그러한 배움의 일부이기 때문이다. 사람과 자연 환경을 보호하는 데는 수많은 방법들이 있겠지만, 자연을 사랑하고 식물과 생태계의 연관성을 깊이 생각해 보면 그러한 방법들은 자연스레 떠오를 것이다.

환경과 치유의 철학

허브로 만든 음식과 티는 사람이 몸의 내부와 외부의 환경이 균형을 이룰 수 있도록 도와준다.

앞서 예로 든 미국 퓨젓사운드 지역의 경우에는 겨울철에는 한랭다습한 기후를 보이지만, 여름철에는 나무의 잎들이 무성할 정도로 온난한 기후를 보인다. 이러한 아름다운 자연 풍경과 지리적인 특징들은 이곳 사람들에게 혁신성, 창의성, 문화적 정체성 등과 관련하여 매우 깊은 영향을 주고 있다.

사람의 몸은 계절에 따라 내적인 심리 활동과 외적인 신체 활동 사이에 균형을 이루면서 건강을 유지한다. 그리고 지역의 자연 생태계를 인식하고 감사하는 마음을 갖는다면, 지역 특산의 해산물과 농산물의 네트워크를 강화하는 데에도 큰 도움이 될 것이다. 또한 유기농 식품의 생산자와 소비자를 강하게 결합시키는 지속 가능성의 문화에 일조하려는 지역 공동체들도 점점 더 늘어날 것이다.

오늘날 허브는 자연의 일부를 이루면서도 사람을 위한 음식과 약재로도 다양하게 활용되고 있다. 그러한 허브들이 티블렌딩tea blending의 작업을 거치면, 지역 고유의 생물 다양성의 진수와 놀라운 치유 효능을 지닌 티블렌드tea blends로 창조될 수 있다. 그러한 티블렌딩에는 그 지역에서만 볼 수 있는 오랜 조리 전통의 독창성과 예술성뿐 아니라, 우리 몸의 기관계를 회복시키는 놀라운 효능도 깃들어 있기 때문이다. 따라서 지역 시장에서 판매되는 대부분의 티블렌드는 보통 그 지역의 계절성이 잘 반영되어 있기 때문에 지역민들의 건강을 잘 유지할 수 있는 것들이다.

특히 자신이 사는 지역에서 자생하는 허브들을 활용하여 자신에게 맞는 허브티를 블렌딩해 마신다면, 지역 환경에도 매우 긍정적인 영향을 줄 뿐 아니라 화학적인 의약품에 대한 의존성도 대폭적으로 낮출 수 있다. 또한 그러한 허브들을 재배하기 위해 허브 정원을 만들거나 야외로 나가 야생 허브를 채취한다면, 자연과 가까워지는 즐거운 시간도 갖게 될 것이다. 봄바람이 일렁이는 초봄에 숲에서 네틀Nettle을 꺾거나 뒤뜰에서 휴식을 취한다면, 자신의 고장에서 지금껏 누리지 못했던 안락한 시간도 보낼 수 있다.

허브티를 매일 같이 마시는 습관을 기르면 세상 속에서 자신만의 안식처를 가질 수 있어 마음의 건강을 유지할 수 있다. 사람의 몸은 자연이 자정 능력을 지닌 것과 같이 놀라울 정도의 회복 능력을 갖추고 있다. 그런데 최근에는 외모를 중시하는 세태로 인해 사람들이 너무도 마른 체형을 선호함으로써 불필요한 두려움과 불편함을 겪게 되고, 결과적으로 몸에 심각한 불균형을 초래하고 있다. 이와 같은 상황에서 허브티는 아름다움과 동기 부여, 그리고 치유법을 제공하여, 신체적, 정서적, 에너지적인 차원에서 균형을 잡아 주어 우리의 몸을 치유해 준다.

허브티는 보는 관점에 따라서 좁게는 사람이 일상생활 속에서 매일 같이 누릴 수 있는 축복으로 느껴질 수도 있고, 넓게는 사람이 자연 생태계 대순환 과정의 일부라는 생각을 안겨 줄 수도 있다. 한 잔의 허브티는 일과를 마치고 집으로 향할 때 느끼는 편안함과도 같은, 휴식을 안겨 주는 일종의 '정서적 교감 행위'라고 할 수 있다.

PART I
허브티 블렌딩 기술
-힐링 허브티 중심-

10 grams rosehips
10 grams elderberries
5 grams fennel

제1장

허브티 블렌딩의
준비 과정

허브티는 사람에게 '최고의 건강'을 가져다준다.

자신에게 맞는 허브티를 블렌딩하는 작업은 무딘 감각을 일깨우고, 약용 식물과 보다 더 친숙해질 수 있어 매우 즐거운 일이다. 또한 자신이 직접 손으로 블렌딩하면 개인적인 욕구와 필요성을 특별히 반영한 허브티도 창조할 수 있다. 결과적으로 자신의 건강을 유지하는 일에 더욱더 능동적으로 참여할 수 있다. 감기와 독감이 유행하는 시기에 자신을 포함해 가족들의 건강을 챙기기 위해 '건강 티wellness tea'를 만드는 일은 참으로 소중한 일이 아닐 수 없다.

훌륭한 허브티란 간단히 말하면, 목표를 세우고 그 목표를 달성하기 위해 허브들을 블렌딩해 향미와 효능을 최대한으로 끌어올린 것이다. 각성 상태를 유지하거나 수면을 유도하거나, 또는 단순히 행복감에 취하고 싶을 때 자신에게 맞는 허브티를 직접 만들어 보길 바란다. 그러면 자신의 건강을 매우 특별한 방식으로 한결 더 자유롭고, 융통성 있게 증진하는 데 매우 유익할 것이다. 이 책에 소개된 기본적인 지식과 레시피들을 익히면, 자신의 몸을 건강 목표대로 이끌어 줄 수 있는 훌륭한 티를 만드는 데 큰 도움이 될 것이다.

허브 재료들은 저마다의 독특한 향미와 에너지, 그리고 고유의 효능을 간직하고 있다. 이러한 허브들을 블렌딩하는 일은 어찌 보면 우리의 몸이 어떠한 환경 속에서도 항상성을 유지할 수 있도록 각 허브의 특성과 에너지를 섬세하게 엮어 내는 일과도 같다.

매일 허브티를 마시면 허브의 생화학적인 성분들이 체내로 흡수되어 몸의 일부가 되면서 온몸에서도 변화가 일어난다. 이러한 변화, 즉 식물성 허브가 스트레스와 질병으로부터 몸을 보호하고 건강을 증진하는 데 큰 도움이 된다는 사실은 경험을 통해서도 확인할 수 있다.

산지에서 조달

허브는 산지에서 직접 구하는 것이 가장 좋다. 산지의 특성은 작물에 매우 큰 영향을 주는데, 와인 산업계에서는 이러한 산지의 특성을 테루아terroir라고 한다. 즉 산지인 포도원의 재배 환경이 포도와 최종 와인의 특성에 큰 영향을 주는 것이다. 허브의 경우도 마찬가지이다. 뒤뜰에서 자란 로즈메리rosemary는 그 밖의 다른 장소에서 자란 로즈메리와는 색, 향, 맛, 효능 면에서 큰 차이를 보인다. 일부 허브의 경우에는 그 차이가 매우 작을 수도 있지만, 대부분 허브의 경우에는 상당한 차이를 보인다. 이와 같이 특정 생태 지역에서 자란 허브가 독특한 성질을 보이는 것은 산지의 특성, 즉 테루아적 요소가 강하게 작용하기 때문이다. 테루아적 요소로는 산지의 날씨, 계절의 변화, 작물에 가해진 스트레스의 요인을 다루는 방식, 기후의 변화 등이 있다. 특히 본래의 산지에서 자생한 허브는 그 지역에서 유래하는 고유의 생화학적인 성분들을 함유하고 있기 때문에 다른 지역에서 재배된 것들보다 품질 면에서도 훨씬 더 우수한 것으로 평가된다.

산지에서 유기농법으로 허브를 소규모로 생산하는 행위는 곧 자신이 사는 지역에서 유기농업네트워크organic agricultural network를 활성화시키는 일이다. 오늘날의 농업 분야에서는 전 세계적으로 큰 변화의 바람이 불고 있다. 허브를 재배하는 일은 지속가능성sustainability이 유지되는 미래의 창조적인 농업과 자신이 보유한 현재의 자원을 하나로 이어 주는 가장 간단한 방법이다.

수십 년간 중소 규모의 유기농 허브 생산자들은 자신이 속한 나라의 허브 시장에서 홀대를 받았다. 왜냐하면 그들의 허브는 해외에서 수입된 값싼 허브와의 가격 경쟁에서 밀려났기 때문이다. 이러한 의미에서 산지에서 허브를 구입하는 일은 그곳의 생물 다양성을 유지할 수 있고, 그 지역의 농부들도 허브 시장에 재진입할 수 있는 좋은 기회를 제공한다.

허벌리즘herbalism은 넓게 해석하면, 제약 업체, 농부, 가족, 그리고 자연주의자들을 상호 연결하는 '건강하면서도 전인적인 공동 네트워크'라 할 수 있다. 그리고 산지에서 곧바로 조달된 허브는 탄소발자국carbon footprint이 적어 품질과 신선도가 일반적으로 우수하다. 탄소발자국은 사람의 활동이나 상품을 생산, 유통, 소비하는 전 과정에서 직·간접적으로 배출되는 온실 가스의 양을 이산화탄소의 양으로 환산한 것이다. 일반적으로 생산지에서 소비지까지의 운송 거리가 짧을수록 탄소발자국 도 작다. 결과적으로 집과 가까운 곳에서 조달된 유기농 허브는 탄소발자국이 작 아 신선도와 품질이 우수하여 자연히 가격도 높을 수밖에 없다. 반면에 해외에서 컨테이너에 몇 개월간 보관된 채로 선박을 통해 수입된 허브는 탄소발자국이 커서 신선도와 품질이 일반적으로 낮다.

해외 수입

허브를 해외에서 수입하는 일은 되도록 피하는 것이 좋지만, 다양한 종류의 허 브티를 대량으로 생산하는 허브티 생산업체에서는 불가피하게 해외에서 수입을 해야만 한다. 더욱이 향신료는 보통 아열대, 열대 지역에서만 나기 때문에 전적으

허브 상식

■ 허브티로 마음의 평정을! ■

허브티를 마시면서 마음의 평정을 찾으려면, 먼저 허브와 교감하기 위해 노력하고, 그 러한 허브들을 제 목적에 맞게 사용하는 법을 익히면서 자신의 내면에서 들려오는 소리에 깊이 귀를 기울여 한다.

일부 사람들은 종종 사소한 일에도 매우 민감하게 반응한다. 보통 사람들은 매우 편안하 게 느끼는 사회관계 속에서도 그들은 쉽게 지치고 스트레스도 심하게 받는다. 사람의 사 고방식은 지나온 삶의 경험을 바탕으로 고도로 발달된 현대 기술 사회와 문화 속에서 관 계를 맺고 대처하는 과정에서 형성되는데, 그 과정에서 불균형이 초래된 것이다. 이런 경 우에는 자신의 성향을 잘 파악한 뒤 몸의 건강을 유지하고 마음의 평정을 되찾기 위하여 생활방식을 적극적으로 개선해 나가는 것이 좋다. 허브는 이를 위한 하나의 좋은 방편이 될 수 있다. 이때 사용하는 허브는 신경계의 작용을 촉진하는 것보다 몸과 마음에 영양을 충분히 공급할 수 있는 것이 좋다. 또한 허브 식물의 효능을 메모지에 기록해 주위에 두면 서 희망과 결심을 다져 나간다면 더 좋을 것이다. 특히 훌륭한 허브티를 다양한 연구를 통 해 창조하면서 더 큰 열정과 삶의 목적을 가진다면, 사회적인 인간관계도 건강하게 유지 하면서 훨씬 더 나은 삶을 영위하는 데에 큰 도움이 될 것이다.

로 해외 수입에 의존할 수밖에 없다. 따라서 일반 소비자들이 신선하고 품질이 좋은 허브나 향신료를 구입하려면 안목을 갖고 국내외의 도매 시장들을 항상 눈여겨보아야 한다.

그런데 설상가상으로 상업적인 세계의 허브 시장은 현실적으로 모순들로 가득 차 있다. 또한 허브 산지의 토양 관리도 부실하고, 노동자에 대한 탐욕과 착취도 만연해 있다. 실제로 주위의 허브 상점이나 유통 업체, 온라인 소매업체에서 판매되는 유기농 건조 허브는 대부분이 개발도상국의 대형 농장에서 생산된 것들이다. 물론 미국이나 서유럽 등 선진국의 몇몇 대형 농장에서 생산되는 유기농 허브들도 자국 내에서 소비되고는 있지만, 허브 바이어들은 일반적으로 인건비와 농업 비용이 선진국들보다 훨씬 더 낮은 세계 최빈국의 농부들과 계약을 맺는다. 따라서 허브를 도매 업체를 통해 유통 업체에 공급하는 그들의 개별 농부들에 관한 특별한 정보는 소비자들이 접근하기가 매우 어렵다. 그리고 유통 업체로부터 알아낼 수 있는 정보도 기껏해야 허브의 원산지와 수확기 정도일 뿐이다. 이는 허브티를 블렌딩하는 사람에게는 또 하나의 커다란 위험 요소가 아닐 수 없다.

물론 품질, 순도, 그리고 윤리적인 조달 면에서 적정 균형 가격을 이루어 매우 우수하고 신뢰할 만한 유통업체들도 있다. 그러나 그와 같은 업체를 찾는 데는 상당한 노력이 필요한 것이 현실이다.

이와 같은 현실 속에서 신선한 허브를 구입하기 위해서는 유통업체에 주문하기에 앞서 연락을 통해 수확일과 수확되어 저장된 기간 등에 관한 정보를 미리 알아보는 것이 좋다. 왜냐하면 일부 유통 업체에서는 산지에서 수확한 지 몇 년이나 지난 허브를 판매하는 경우도 종종 있기 때문이다. 물론 유통 업체에서는 신선도를 유지하기 위해 허브를 저장고에 보관하여 신선도를 특별히 관리하지만, 이 또한 갓 수확된 허브에는 비할 바가 못 된다.

허브티의 블렌딩에 사용할 신선하고도 품질이 좋은 허브를 구입하려면 신경을 많이 써야겠지만, 그만한 가치는 충분히 있다.

■ 공정무역과 직접무역 ■

오늘날 유기농 허브의 대형 유통 업체는 최빈국의 농촌 지역으로 직원을 파견하여 그곳 농부들과 대규모로 함께 일하면서 그들의 시스템을 개선하려는 많은 노력들을 기울이고 있다.

일부 바이어들은 계약을 체결한 농장들이 국제유기농규격global organic standards과 소비자규격standards of customers을 준수하면서 허브를 생산하는지 직접 확인하기 위해 무작위 검사도 실시한다.

비록 현지의 농장들이 여전히 '대규모의 영농'과 '단일 재배'의 방식에 머물러 있지만, 최근에는 영세 농민들과 국제 바이어들 간의 관계에도 긍정적인 변화의 바람이 불고 있다.

이러한 변화의 일환으로 공정무역fair trade과 직접무역direct trade의 정책들이 성공하고 있다. 공정무역과 직접무역은 이상적인 협정으로서 정부 간의 규모로 벌어지는 자유무역free trade의 협정보다 노동자들을 기만하거나 착취하는 일이 더 적다. 따라서 오늘날에는 전 세계 농산업계의 수많은 기업들이 대부분 공정무역과 직접무역의 협정을 준수하고 있다.

● 공정무역

공신력 있는 인증 기관에 의한 공인은 농부들이 그들의 수확 작물에 대하여 정당한 가격을 받을 수 있도록 해 준다. 공정무역의 협정은 일반적으로 개발도상국의 농촌에 있는 가족 공동체나 영농 조합에서 체결되어 세계화의 수많은 혜택들을 소외된 농업 공동체로 되돌려 주고 있다.

● 직접무역

직접무역은 공신력이 있는 기구에 의한 공인을 뜻하는 것이 아니라, 지난 10년간 커피 산업계에서 윤리의식을 갖춘 구입자들이 펼쳐 온 운동을 이르는 말이다. 비록 이 용어는 최근에 생겨났지만, 허브 산업계에서는 비교적 오래전부터 있어 온 일반적인 관행이었다.

직접무역은 공정무역에서 한 걸음 더 나아간 것으로, 열대 기후의 카카오cacao나 온대 기후의 네틀nettle 등의 특정 작물을 자연 생태적으로 재배한 농장에 더 큰 인센티브를 제공하는 운동이다. 농지의 관리를 전반적으로 향상시킨 데에 대한 보상으로 농작물에 더 높은 가격을 지불하면, 반대급부로 농지의 회복력을 이상적으로 증가시켜 농작물의 품질도 지속적으로 향상시킬 수 있기 때문이다. 결국 소비자들에게는 농작물의 가격이 더 높아진 셈이지만, 이는 농업 시스템이 장기적으로 지속가능성이 유지되도록 실제 비용을 지불한 것이다.

허브에 대한 정보를 문의하고, 배송된 허브가 과연 정보대로 품질이 우수한지를 자신이 직접 눈으로 보고, 코로 맡고, 혀로 맛을 보는 등 테이스팅을 통해 확인해야 한다. 만약 정보와 달리 품질이 좋지 않다면 배송된 물품을 곧바로 되돌려 보내면 된다.

허브를 선택하는 일은 결과적으로는 주위의 생태계에 영향을 준다. 일부 허브는 지구를 반바퀴나 돌아 우리 주위의 허브 상점이나 유통 업체에 운송되는 경우도 있고, 자신이 정원에서 허브를 직접 재배하는 경우도 있으며, 정확하게 동일한 종류의 허브를 자연에서 찾아 나서는 경우도 있다. 허브를 타성에 젖어 편의상 유통 업체를 통해 구입하기보다는 야생의 자연에서 직접 채취하거나 자신이 속한 고장의 유기농장에서 구입해 보는 것도 대단히 의미가 있는 일이다.

기본 도구

일반 가정에서 허브티를 소량으로 블렌딩해 마실 경우에는 디지털 저울만 있으면 된다. 티나 허브 등의 재료들을 블렌딩할 경우에는 그릇 두 개(큰 것과 작은 것)와 나무나 스테인리스 재질의 스푼이 필요하다. 특히 블렌딩을 실험할 경우에는 작업 내용을 기록하기 위한 노트와 펜을 항상 곁에 두도록 한다. 마지막으로 허브티를 신선하게 보관하기 위한 밀폐 용기나 불투명 비닐봉지를 준비한다.

훌륭한 작업 장소의 선정

허브티를 블렌딩하는 데 최적의 작업 장소는 깨끗한 테이블이나 조리대이다. 잡동사니 하나 없이 잘 정돈되어 있으면 티블렌딩의 과정에서 생기는 허브 가루나 먼지를 손쉽게 닦아 낼 수 있다. 실내의 식탁도 훌륭한 장소이지만, 따뜻한 날씨에는 접이식 테이블을 야외에 놓고 바람이 잘 드나드는 장소에서 작업하는 것도 좋다. 야외에서 작업하면 자연친화적인 기분을 느낄 수 있고 청소하는 일도 매우 쉽기 때문이다. 설사 날씨가 습하거나 바람이 불어도 즐거운 일들이 벌어질 것이다. 소중한 허브들이 습기를 머금어 물러지거나, 또는 바람에 날려가 땅으로 떨어지면서 '자신의 고향'으로 되돌아갈 것이다. 그러니 실내에서 작업할지, 야외에서 작업할지는 순전히 자신의 선택에 달려 있다.

일반적으로 작업 장소를 깔끔하게 정리해 두면, 허브들을 블렌딩한 뒤에 그 내용물을 포장하기가 훨씬 더 쉬워진다. 그리고 허브가 함께 뒤섞이는 일 없이 마음 편하게 블렌딩하려면 작업 장소가 실제 필요한 공간보다 더 넓은 것이 좋다.

만약 작업 장소가 완전하게 깨끗이 정돈되었다면, 티블렌딩에 필요한 모든 재료들을 사용하기에 편리하도록 배치해 둔다.

비율로 표시된 레시피의 활용법

이 책에서 소개되는 대부분의 레시피는 비율로 표시되어 있다. 따라서 이 레시피는 필요에 따라 얼마든지 손쉽게 응용할 수 있다. 그런데 레시피를 적용하기에 앞서 먼저 해야 할 일이 있다. 바로 만들려는 허브티의 양을 정하는 일이다.

예를 들면, 다음과 같은 허브 레시피의 비율로 허브티 무게 1파운드(16온스)를 블렌딩한다고 가정해 보자.

- 페퍼민트(peppermint) 1.5
- 라즈베리(raspberry) 잎 1
- 로즈페틀(rose petal) 0.5
- 네틀 잎(nettle) 1
- 펜넬(fennel) 0.5

©사진, 티블렌딩/한국티소믈리에연구원

레시피를 적용하기에 앞서 항상 전체 허브티의 양을 결정해야 한다. 그러면 비율에 따른 각 허브 재료들의 양도 산출할 수 있다. 전체 허브티의 양을 1파운드(16온스)로 정하였다면, 다음으로는 레시피의 각 재료비를 모두 더한다. 이 경우에는 전체 합산 비율이 4.5가 된다. 그리고 전체 허브티의 양인 16온스를 4.5로 나누면 1비율당 3.55온스가 나온다. 계산이 쉽도록 반내림을 하면 3.5온스가 된다. 이 3.5온스를 각 재료별 비율에 다시 곱하면, 재료별로 필요한 양이 얻어진다. 허브티 1파운드(16온스)를 레시피와 같이 만들 때 각 재료별 필요한 양은 다음과 같다.

- 페퍼민트 : 5.25온스
- 네틀 잎 : 3.50온스
- 라즈베리 잎 : 3.50온스
- 펜넬 : 1.75온스
- 로즈페틀 : 1.75온스

〈재료 함량 비 및 무게 환산 도표〉

재료	함량 비(A)	티 무게/합산 비(16/4.5)(B)	재료별 양(온스)(A×B)
페퍼민트	1.5	3.5	1.5×3.5=5.25
네틀 잎	1	3.5	1×3.5=3.50
라즈베리 잎	1	3.5	1×3.5=3.50
펜넬	0.5	3.5	0.5×3.5=1.75
로즈페틀	0.5	3.5	0.5×3.5=1.75

* 위의 내용을 엑셀파일로 환산 도표를 만들면, 재료별로 필요한 양을 쉽게 알 수 있다.

레시피 기록하기

　다양한 허브들로 블렌딩을 실험해 보려면 성공한 포뮬레이션[formulation]이든, 실패한 포뮬레이션이든 기록으로 남기면 큰 도움이 된다. 이때 포뮬레이션은 일반적으로 쓰이는 블렌딩의 개념보다 정량적으로 더 엄격하고 정밀한 배합을 일컫는 용어이다.

　티블렌더[tea blender]들은 훌륭한 허브티를 창조하기 위해 수많은 허브들을 사용해 매우 다양한 배합에 나선다. 이 과정을 충실히 진행하기 위해 티블렌더들은 배합에 나설 때마다 노트에 허브 재료들의 레시피를 반드시 기록해 둔다.

　비록 레시피가 매우 단순하거나 그 방법을 확실하게 기억하더라도 반드시 기록으로 남겨 두는 것이 좋다. 한 해에 한 권의 노트에 레시피와 아이디어를 기록하다 보면, 마치 연보를 간행하는 느낌마저 든다. 마침내 상품으로 판매할 수 있을 정도의 레시피가 완성되면, 노트의 분실을 대비하고 영구적인 보관을 위해 온라인상의 스프레드시트로 옮겨 저장하는 것이 좋다.

　실패한 경우에도 그 과정을 기록해 두는 것이 중요하다. 블렌딩의 실험에서 사고의 과정이나 의도를 추적할 수 있기 때문이다. 가끔은 블렌딩 작업을 처음부터 다시 진행하거나, 맛이 이상하였던 순간부터 다시 작업하는 경우도 있다. 특히 창조성이 결여되었을 경우에는 완전히 처음으로 되돌아가 다시 확인한다. 허브티를 다시 만들어야 하는 작업은 번거로운 일이지만, 처음으로 레시피를 공식화한 때로 되돌아가 블렌딩을 다시 반복하면서 훑어보는 일도 한편으로는 재미있는 일이다. 이때 레시피가 적힌 노트를 보면서 완전히 새로운 개념의 아이디어를 떠올리는 수도 있다. 레시피를 항상 기록하는 습관은 허브티를 만들고 개선하는 데 매우 큰 도움이 된다. 또한 허브에 관한 건강적인 효능의 정보들이 새롭게 밝혀질 때마다 허브티의 블렌딩도 새롭게 개선된다.

허브티 블렌딩

레시피가 완성되면 이제 다양한 허브 재료들로 블렌딩에 창의적으로 도전해 보자.

1. 블렌딩을 시작하기 전에는 손과 기본 도구들을 항상 깨끗이 씻고 물기를 완전히 제거해야 한다. 그릇이나 항아리 내에 매우 적은 양의 물기라도 남아 있으면 허브티의 블렌딩 작업이 망쳐질 수 있기 때문이다.

2. 허브의 각 재료들은 조그만 혼합 사발에 담아 한 번에 하나씩 무게를 잰 뒤 더 큰 사발로 옮겨 담는다. 만약 큰 사발이 앞으로 만들 허브티의 양에 비해 크기가 너무 작다면 일반 가정에서 조리할 때 사용하는 스테인리스 냄비를 사용해도 된다. 스테인리스 냄비의 용적이 5~8갤런 정도이면 허브티 블렌딩에 충분히 사용할 수 있다.

허브 재료를 사발에 담아 계량하는 모습.

3. 일단 모든 허브 재료들을 큰 사발에 담고 나면, 직접 손이나 나무 또는 스테인리스 재질의 스푼으로 뒤섞는다. 이때 서서히 저어 가며 여러 허브 재료들이 고루 뒤섞이도록 한다. 빨리 뒤섞게 되면 작은 먼지구름과도 같은 허브의 분진들이 일 것이다. 이러한 분진은 특히 잘리거나 부서진 뿌리 계통의 허브들을 뒤섞을 경우에 잘 생기는데, 분진들로부터 풍기는 향이나 촉감은 사람에 따라서 호불호가 완전히 갈린다. 따라서 작업 환경을 분진도 없이 깔끔하고 깨끗하게 유지하고 싶다면, 허브 재료들을 가능하면 부드럽고 가볍게 뒤섞어야 한다. 또한 허브의 분진이 최대한 생기지 않도록 하려면 허브들을 적은 양으로 블렌딩하면 된다. 그런데 하루에 많은 양의 허브들을 블렌딩해야 하는 경우도 있는데, 이때는 마스크를 반드시 착용하여 허브의 분진들이 폐로 유입되는 것을 방지해야 한다. 허브의 분진들이 지나치게 호흡기로 흡입되면 숨이 멎는 듯한 느낌이 들기 때문이다.

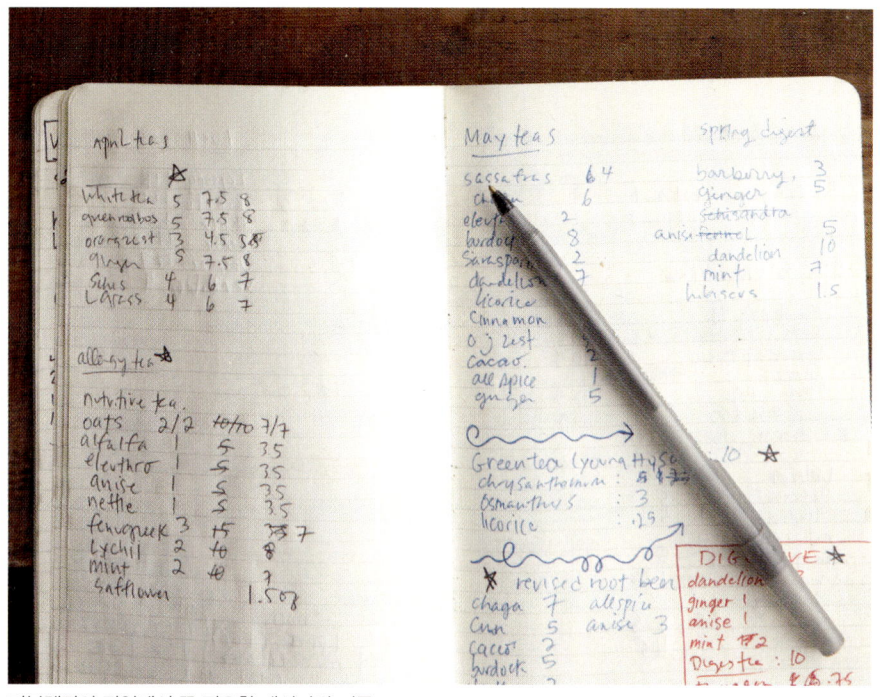

티블렌딩의 작업에서 꼭 필요한 레시피의 기록.

손으로 직접 허브 재료들을 뒤섞는 티블렌딩의 모습.

티와 허브의 보관

티와 허브는 가스레인지나 싱크대 근처의 다루기 쉬운 그릇에 담아 보관하면 편리하다. 그러나 티와 허브는 방부제가 들어가지 않아 자연 그대로의 상태라는 사실을 명심해야 한다. 허브를 재배하고 가공하기까지의 시간과 에너지, 노동을 진정으로 존중한다면 제대로 보관할 장소를 마련해야 한다.

벌크 상태의 허브와 최종 생산된 허브티를 제대로 보관하려면, 빛과 수분, 열기로부터 멀리 보관하여 산화가 일어나지 않도록 해야 한다. 그렇지 못한 경우에는 허브의 영양과 향미, 그리고 의학적인 효능이 줄어든다. 따라서 허브티(요리용 허브나 향신료도 마찬가지)는 온도가 연중 일정하게 유지되는 캐비닛이나 저장고에 보관하는 것이 좋다. 블렌딩한 허브티를 서늘하고 빛이 차단된 저장고에 보관하였을 경우와 주방 싱크대나 가스레인지 위의 캐비닛에 보관하였을 경우의 차이는 1~2주 정도만 지나도 금방 알 수 있다.

이와 같은 이유로 대부분의 사람들은 티와 허브를 캔에 넣어 보관하거나 모습도 아름답고 성능도 좋은 불투명 도자기제 항아리에 보관한다. 물론 깨끗한 메이슨자mason jar나 작은 크기의 요구르트 용기도 보관하기에 좋다. 부엌에서 잘 보이는 곳에 티와 허브를 보관할 경우에는 한 번에 적은 양만 블렌딩하여 투명한 유리 용기 대신에 불투명한 용기에 넣어 보관하는 것이 좋다.

여기서 소개되는 허브티들은 모두 건강과 치유를 최우선 목표로 제시된 것으로서 허브를 블렌딩하여 그 맛과 풍미, 효능의 면에서 큰 차이가 날 수 있다. 또한 허브를 구입하여 책임감과 성실성을 갖고 잘 보관하면 적은 양의 허브로도 원하는 건강 효과를 낼 수 있다. 이는 곧 비용의 절감으로 이어져 허브 생산자와 야생 식물학자, 유통 업체, 정원 관리사들의 경제적인 부담을 줄이는 데에도 큰 도움을 줄 수 있다. 이 책에서는 티와 허브에 대해 양보다는 품질을 더 중요시한다.

■품질 관리■

티를 비롯하여 허브를 블렌딩하는 작업에서는 재료들을 유심히 살펴보아야 한다. 만약 티나 허브에 불순물이나 이물질이 들어 있으면 반드시 제거하거나 순수한 재료로부터 새로 시작해야 한다. 구입한 허브의 무게를 재면서 불순물을 발견하였을 경우에는 판매자에게 알리고 재료를 회송한 뒤 다시 받도록 한다. 다시 보내온 허브에도 불순물이 있으면 다른 업체에서 구입하도록 한다. 최근에는 소비자들이 유기농 업체나 유통 업체와 재료들을 곧바로 거래하는 경우가 많아졌는데, 재료들이 불순물이 없거나 상처도 없이 온전한 형태인 것들도 많다.

허브를 직접 재배하는 경우에는 손으로 직접 따서 수확하기 때문에 허브에 잡초가 섞이는 일은 거의 없다. 이와 같이 수확량이 적은 경우에는 손으로 직접 딸 수 있지만, 상업용으로 사용하기 위해 대량으로 수확하는 경우에는 기계에 의존할 수밖에 없다. 이 경우에는 종종 불순물이나 벌레, 잡다한 섬유질, 플라스틱과 같은 이물질이 허브에 섞여 있는 수도 있다.

■천연 착향료의 유의점■

최근에는 허브티 블렌딩의 전문 기업들이 건강 효능과 관련 없이 블렌딩에 천연 착향료를 사용하는 비율이 부쩍 늘었다. 이러한 경향은 다소 혼란스러울 정도이다. 일반적으로 시장에서 유통되는 대부분의 상업용 허브티에 천연 착향료나 인공 착향료(화학공장에서 산업적으로 생산되는 착향료)를 넣는 이유는 재료로 사용되는 허브나 향신료의 품질이 낮은 단점을 가리기 위한 것이기 때문이다. 그리고 천연 착향료를 넣으면 그 성분의 80~90%가 향을 안정시키는 보존제로서 작용하여 자연히 허브티의 유통 기한도 늘어난다. 허브의 의약적인 효능은 일반적으로 1년 이내에 줄어드는 것이 보통이지만, 천연 착향료를 가함에 따라 화학적으로 소비자들에게 신선하다는 인식을 주면서 유통 기한이 몇 년 더 늘어나는 것이다. 천연 착향료는 실제 재료들의 맛과 향을 본뜬 것이다. 이는 결과적으로는 허브티에 신선한 과일과 향신료, 그리고 허브에 건강 효능적인 성분들이 풍부히 들어 있을 거라는 착각을 불러일으킨다.

허브티의 준비 방법

사람들은 가을과 겨울이 되면 하루에도 몇 잔씩의 허브티를 마시지만, 봄과 여름이 되면 하루에 한 잔 정도로 허브티의 마시는 양을 줄인다. 스트레스가 심한 시기에는 아침에 맛과 향이 굉장히 풍부한 로부스트 티$^{robust tea}$를 마시고, 점심과 저녁에는 원기를 회복시키는 허브티를 마시면 좋다. 그때그때 몸의 상태와 기분에 맞춰 허브티를 자유롭게 선택하여 마시면 된다. 몸이 계속 피곤한 경우에는 버섯이나 뿌리 식물이 몸에서 당겨 강장제로 수개월 동안 매일 마실 수도 있는데, 특히 휴식이 정말 필요하다는 생각이 드는 경우에는 보다 더 단순한 허브티를 마셔 보는 것도 좋다.

몸에 활력을 불어넣으려면 제철에 생산된 허브티를 장기간에 걸쳐 마시는 것도 큰 도움이 된다. 특히 가격은 약간 비싸지만, 유기농 티$^{organic tea}$를 정기적으로 구입하여 꾸준히 마셔 보는 것도 한 방법이다. 이와 같은 제철 허브티는 그 계절에서만 채취할 수 있는 허브 재료들로 만들어 우리 몸에서 스트레스를 크게 줄여 준다.

마침 몸의 건강 상태가 균형을 크게 잃지 않았다면, 자신에게 적당한 허브티가 몸에 저절로 당길 것이다. 그리고 제철에 섭취해야 할 성분, 건강상의 필요, 스트레스의 수위, 에너지의 고저 등과 같이 몸의 건강 상태에 따라서 허브티는 선택될 수 있다. 특정한 효능이 있는 허브티를 건강을 위해 최대한 활용하려면 매일 한 잔에서 세 잔씩 꾸준히 마시는 것이 좋다. 이렇게 마시면 만성적이거나 급성적인 몸의 상태를 개선하는 데 큰 효험을 볼 수 있다. 허브티를 매일 같이 두세 잔씩 마시면 건강에 유효한 성분들이 몸에서 서서히 흡수된다. 급성 전염병의 경우에는 고농도로 우린 허브티를 준비하여 되도록 자주 마시는 것이 좋다.

한편 허브티를 우려낼지, 아니면 달일지는 식물에서 재료로 사용하는 부위와 추출하려는 성분에 따라 달라진다. 이 책의 레시피에는 허브티를 우려내는 구체적인 방법을 비롯해 그 밖의 다양한 방법들도 제시된다. 레시피에서 다양한 침출 방법들이 사용되는 이유에 대해서는 다음의 내용을 살펴보면 이해할 수 있다.

우리기

우리기의 영어 표현인 인퓨전^{infusion}은 '들이붓다'는 뜻의 라틴어인 인푼데레 ^{infundere}에서 유래하였다. 기술적으로 우리기는 티나 허브에 물을 부어 유효 성분을 추출하는 것으로서 침출법의 한 방식이다. 침출법은 물을 용매 및 용제로 사용하여 유효 성분을 추출하는 법을 말한다. 이 책에서 주로 사용되는 물과 재료의 비율은 물 1½컵에 허브 또는 티가 1~2테이블스푼이다. 물론 사람마다 원하는 허브티의 농도에 따라 그 비율은 달라질 수 있다.

우릴 때 주로 사용되는 재료는 식물의 지상부인 잎과 꽃, 그리고 딸기와 같이 연한 열매 등이다. 이러한 재료들의 장점은 뜨거운 물로 비교적 짧은 시간에 유효 성분들을 추출할 수 있다는 것이다. 만약 연질의 잎이나 꽃을 직접 끓이면 과도한 열과 증기로 인해 유효 성분들이 파괴되어 소실될 수 있다. 단 목피와 줄기는 우리기와 달이기의 방식 모두 유효 성분들을 추출하는 데 사용할 수 있다.

우리기에는 티 포트, 메이슨자, 프렌치 프레스^{French press}, 뚜껑이 달린 찻잔 등을 사용할 수 있다. 단, 용기에는 휘발성 에센셜 오일^{essential oil}이 물과 함께 증발하는 것을 막아 주는 뚜껑이 반드시 있어야 한다. 또한 우리기에는 차가운 물이든, 뜨거운 물이든 무엇을 사용해도 상관이 없다. 이렇게 우려낸 액체는 최대 24시간 동안 용기에 담겨 저장될 수 있다.

● 온침법

온침법^{maceration}은 뜨거운 물로 유효 성분을 추출하는 방법이다. 허브 1~2테이블스푼에 뜨거운 물 1½컵의 비율로 붓는다. 용기의 뚜껑을 닫고 허브가 우러나기를 기다린다.

허브는 보통 우러나는 데 15~20분 정도 걸린다. 시간이 길게 여겨질 수도 있지만 몸에 유효한 성분이 충분히 우러나는 데는 보통 그 정도의 시간이 걸린다. 참고 기다리는 인내력이 필요한 시점이다. 또 한편으로 허브를 5~10분간 먼저 우려낸 뒤 잠시 틈을 두고 다시 우려내는 것도 좋은 방법이다.

홍차나 녹차를 우리는 경우에는 타닌^{tannin} 성분의 쓴맛이 우러나지 않도록 하려면 딱 3분만 우리면 된다. 참고로 홍차나 녹차는 여러 회에 걸쳐 우려내 마실 수 있다.

● 냉침법

냉침법^{enfleurage}은 차가운 물로 유효 성분을 추출하는 방법이다. 메이슨자에 허브 1테이블스푼을 넣고 차가운 물 1컵을 넣은 뒤 뚜껑을 닫는다. 메이슨자를 수 초간 흔든 뒤에 차가운 곳에 2시간 이상 그대로 둔다. 냉장고에 몇 시간 이상을 보관해도 좋다.

냉침법에서는 허브에서 비타민, 점성질의 탄수화물, 효소, 플라보노이드^{flavonoid} 등을 충분히 추출해 내는 것이 중요하다. 허브 중에서도 특히 과일, 라즈베리^{raspberry}의 잎, 비슬나무$^{slippery\ elm}$의 껍질, 마시멜로^{marshmallow}의 뿌리는 차가운 물에서도 유효 성분이 잘 추출된다.

달이기

달이기의 영어 표현인 디콕션^{decoction}은 '계속 끓이다'는 뜻의 라틴어인 디코쿠에레^{decoquere}에서 유래하였다. 기술적으로 달이기는 식물의 억센 부위, 특히 뿌리, 나무껍질, 줄기, 씨앗 등을 차가운 물과 함께 찻주전자에 넣고 끓이는 방식이다. 이때는 차가운 물을 넣고 달이는 것이 필수적이다. 그래야만 물의 온도가 서서히 높아지면서 허브에 고농도로 들어 있는 알부민과 단백질의 성분들이 천천히 추출된다. 만약 처음부터 뜨거운 물을 넣고 달인다면, 식물 세포 내 알부민계 물질이 응고되면서 다른 유효한 성분들이 추출되는 것을 저해한다.

● 달이는 법

찻주전자에 허브티 1테이블스푼을 넣고 차가운 물 1컵을 부은 뒤 뚜껑을 닫는다. 건조된 식물성 재료들이 충분히 풀어지도록 차가운 물에서 몇 시간 동안 불리고 난 뒤에는 불을 높여 끓이기 시작한다. 다 끓고 나면 불의 세기를 약하게 줄인다. 이 상태로 약 20~45분 정도 더 끓인 뒤 불을 끄고 재료들을 체로 걸러 낸다.

신선한 허브의 사용

이 책에서 기록된 대부분의 허브들은 건조시킨 것들이다. 그렇지 않은 경우에는 별도로 표시한다. 만약 정원을 가꾸거나 텃밭을 일구는 작업을 좋아하는 사람이라면 건조된 허브뿐 아니라 신선한 허브로도 허브티를 직접 만들 수 있다.

신선한 허브에 뜨거운 물을 부어 우리는 온침법.

신선한 허브를 메이슨자에 넣고 차가운 물을 부어 우리는 냉침법.

앞서 언급하였듯이, 건조된 허브는 말리는 과정을 통해 세포 구조가 잘 부스러지도록 변화되어 유효 성분을 추출하기에 효과적이다. 그러나 섬세한 향미의 티한 잔을 준비하는 데에는 신선한 허브야말로 가장 이상적인 재료라 할 수 있다. 방금까지 살아 있던 것을 곧바로 채취하여 만들기 때문이다. 신선한 티 한 잔을 준비하기 위해 야외로 나가 허브를 채취해 정성스럽게 우리는 과정 속에서 느끼는 흥분과 애정은 그야말로 최고가 아닐 수 없다. 이렇게 신선한 재료로 우려낸 허브티는 건조된 재료로 우려낸 것보다 맛과 향이 훨씬 더 우수하다. 설사 동일한 방식으로 준비한 경우라도 그 향미가 완전히 다르다. 신선한 허브티는 이른바 '살아 있다'고 표현할 수 있다.

식물을 채취할 경우에도 일종의 규칙이 있다. 식물에서 에너지(또는 영양)가 가장 강하게 농축된 부위를 찾아서 따야 하는 것이다. 겨울이 지나 봄이 오면 식물은 그동안 축적한 대량의 에너지를 싹을 틔우고 잎을 성장시키는 데 사용한다. 따라서 봄에는 싹과 잎을 채취해야 하는 것이다. 물론 식물이 꽃을 피우기 전에 한해서이다. 꽃은 꽃잎이 활짝 피기 전의 봉우리를 따야 하고, 씨앗은 식물에서 갓 떨어졌을 때의 것을 채취해야 한다. 과일은 제대로 숙성된 것을 따야 하고, 뿌리는 가을철에 에너지를 다 소모하기 전이나 초봄에 휴면기가 끝난 시점에 채취해야 한다. 식물을 채취할 경우에는 이와 같은 규칙을 지키는 것이 좋다. 물론 예외도 있는데, 예를 들면 한 해만 살고 죽는 한해살이식물의 경우이다. 이러한 식물의 경우에는 의약적인 효능과 영양이 집중되어 있는 부위를 미리 알아 두고 채취해야 한다.

● 신선한 허브티의 온침법

건조 상태의 허브는 사용하기가 쉽도록 보통 적당히 잘려 있거나 분쇄되어 있다. 그러나 신선한 허브는 사용하기에 앞서 부드럽게 찢거나 칼로 곱게 썰어야 한다. 특히 신선한 허브는 수분 함량이 높아 메이슨자와 같은 병이나 용기에 넣어 완전히 밀봉해야 한다. 그래야만 수분 증발을 막고 강하게 우려내어 마실 수 있다.

허브 위로 뜨거운 물을 붓고 뚜껑을 닫은 뒤 마실 수 있을 정도로 찻물이 미지근해질 때까지 우려낸다.

● 신선한 허브티의 냉침법

허브티를 메이슨자와 같은 용기에 넣고 차가운 물을 붓는다. 차가운 물의 양은 허브티가 잠길 정도이면 충분하다. 그리고 뚜껑을 닫고 수 초간 흔든 뒤에 차가운 장소에 몇 시간에서 하룻밤 동안 그대로 둔다. 이러한 방법으로 사람들은 수백 년에 걸쳐 신선한 허브티를 차가운 물에 담가 병원균을 죽이고, 향미나 비타민, 미네랄과 같은 성분들을 새롭게 생성시켜 왔다.

● 선티의 준비 방법

냉침법의 한 방식인 선티$^{\text{sun tea}}$는 특이점이 있다면 햇빛이 잘 드는 곳에 보관한다는 것이다. 허브와 향신료를 용기에 넣고 차가운 물을 충분히 붓는다. 이때 차가운

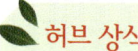
허브 상식

■ 상비약으로서 허브티 ■

일상생활 속에서 자신의 몸 상태에 귀를 기울이면서 매일매일 건강을 유지하기 위해 허브티를 활용하는 일은 아마도 자신이 스스로에게 줄 수 있는 가장 큰 선물일 것이다. 이는 오늘날 웰빙$^{\text{well-being}}$을 추구하는 현대 사회 속에서 활력을 얻고 치유를 받을 수 있는 또 하나의 '좋은 상비약'이다.

모든 허브에는 저마다 독특한 이야기들이 담겨 있다. 다양한 허브들에 관해 지식이 깊을수록, 각각의 허브가 지닌 고유의 맛과 향, 효능이 자신의 몸을 이루는 세포 곳곳으로 깊이 각인되는 듯한 느낌도 가져 볼 수 있다. 또한 허브에 대하여 알아 두면 정말 좋은 점들 중 하나는 자신의 몸에 필요하다고 느껴질 때 적합한 허브들의 이름이 불쑥 떠오른다는 것이다. 그리고 허브에 대한 기억들도 교차되면서 정작 자신의 몸에 가장 필요한 허브가 무엇인지도 이미지가 구체적으로 떠오른다. 또 그 허브가 자신의 몸에 어떤 기분을 안겨 줄지도 쉽게 머릿속에 그려지는 것이다. 이와 같이 허브에 대한 기억을 떠올려 현재의 상황에 순응하면서 편안한 마음의 상태를 유지할 수 있다. 여기서 중요한 것은 자신의 몸이 보내오는 신호에 어떻게 반응할지는 결국 자신이 결정해야 한다는 점이다.

물의 양은 허브나 향신료가 잠길 정도이면 충분하다. 뚜껑을 닫고 수 초간 흔든 뒤 햇빛이 드는 창가나 뒤뜰의 양지에 몇 시간 동안 보관한다. 선티는 신선하면서도 생동감을 안겨 준다. 일반 가정에서 손수 재배한 야생 허브의 맛과 향을 직접 만끽할 수 있다. 미국에서는 사람들이 정원에서 허브를 자주 가꾸는데, 이때 갈증 해소를 위해 선티를 준비해 나가는 경우를 종종 볼 수 있다.

초본식물의 허브 잎과 꽃잎 등을 블렌딩해 찻잔에 보기 좋게 담아 놓은 모습.

10 grams rosehips
10 grams elderberries
5 grams fennel

제2장

포뮬레이션과
허브티의 작용

포뮬레이션(정밀 블렌딩)은 허브의 사용 기술과 식물화학의 기술적인 세부 사항들이 통합된 것이다. 오늘날 티 산업계에서는 포뮬레이션이 매우 다양하게 활용된다. 특정한 시기나 계절을 대표하는 향미로 즐거움을 선사하기 위해, 또 한편으로는 스트레스와 질병에 대한 몸의 자연적인 면역력을 높이거나 치유를 위해 고안되기도 한다. 그런데 누군가가 허브가 자연의 한 일부임을 자각하고 그 향미를 자아내는 화학 성분에 대해서도 익힌다면, 자신을 위해 창조한 허브티는 매우 소중한 산물이 될 것이다.

대부분의 사람들은 레시피에 따른 포뮬레이션 작업에서 자신과 조금이라도 관련이 있는 허브를 사용한다. 포뮬레이션은 보통의 블렌딩 개념보다 정량적으로 더 엄격하고 정밀한 공식적인 배합을 뜻한다. 로즈페틀(장미꽃)이나 민트는 영감을 불러일으키는 허브로서, 여느 정원에서 흔히 볼 수 있는 만큼 많은 사람들에게 매우 친숙하다. 만약 누군가가 정원에 레몬그라스^{lemongrass}나 시소^{shiso}(차즈기)를 재배한다면, 그 사람은 친근한 두 허브들을 블렌딩해 허브티를 만들면서 매우 큰 행복감을 느낄 것이다. 이와 같이 누구나 각자 자신에게 친숙한 허브들을 사용하여 새로운 블렌딩의 허브티를 만들 수 있다. 이와는 달리 허브 전문가들은 특정한 허브의 사용에 구애를 받지 않고 여러 종류의 허브들로 매우 다양한 블렌딩 작업에 나선다.

허브들의 포뮬레이션 작업은 종종 예상치 못한 결과를 가져올 수도 있지만, 일반적으로 많이 시도할수록 더 훌륭한 결과를 얻을 가능성이 높다. 예를 들면, 10개의 허브티 블렌드를 만들었는데, 그중 1개만 좋은 결과를 얻는 경우이다. 훌륭한 향미와 효능의 허브티는 균형을 찾는 과정에서 여러 시행착오를 거친 뒤에야 비로소 탄생한다. 물론 재료인 허브들을 잘 선정하였을 때를 전제로 한다. 그런데 허브를 잘 선정하였을 경우에도 새롭게 배합하거나 다른 재료들을 추가하면 최악의 결과가 나올 수도 있다. 이는 특정한 허브의 맛과 향의 세기를 과소평가하였을 때이다. 특이하거나 강한 향미의 허브일수록 균형을 이루는 훌륭한 티블렌드를 만들기는 더욱더 어려워 매우 오랜 연습이 필요하다. 수 년간 정밀 블렌딩의 포뮬레이션 작업을 통해 강한 향미를 지닌 허브의 특성을 잘 파악해야만 비로소 맛과 향이 좋은 허브티를 만들 수 있는 것이다. 특히 쓴맛을 지닌 허브는 포뮬레이션을 실습하는 데 매우 큰 도움이 된다.

지금부터는 각각의 허브가 지닌 효능과 향미에 대하여 잘 알아 두는 일이 얼마나 중요한지에 대해 소개하기로 한다. 특히 재료로 사용할 허브의 향미를 하나하나 테이스팅하는 일은 블렌딩 작업에서 매우 중요하다. 오늘날에는 허브의 향미가 약효보다 더 중요시되는데, 그 이유는 향미가 좋지 않으면 사람들이 허브티를 마시지 않기 때문이다. 특히 서양 사람들의 경우에는 더욱더 그런 경향이 강하다. 향미는 그만큼 사람들이 허브티를 마시는 이유 중에서도 가장 큰 비중을 차지한다.

또한 허브는 특별한 식물의 생리와 효능과 관련하여 특정한 맛으로써 분류할 수도 있다. 이러한 시스템은 비록 간단하지만 매우 신뢰할 만하여 수천 년 동안 자연의학natural medicine 분야에서 사용되어 왔다. 뒷부분에서는 정밀 블렌딩의 포뮬레이션 방법과 함께 건강적인 효능이 있고 향미도 섬세한 허브티를 만드는 기술들을 간략히 소개한다.

허브 상식

■ 자연으로부터 배움 ■

자연 속에서 재료를 구해 블렌딩을 통해 허브티를 창조해 보는 것도 매우 즐겁고 유익한 일이다. 예를 들면, 태평양 북서부 연안의 자연 생태계에 매료된 사람이 있다고 하자. 그 사람은 주위의 자연에 지천으로 널려 있는 야생 식물들을 재료로 사용해 블렌딩을 통해 허브티를 만들어 볼 수 있다. 봄철이면 자연에 늘린 신선한 네틀, 라즈베리 잎, 메이플maple(단풍당밀)의 꽃으로 화려한 빛깔의 허브티도 만들 수 있다. 이는 그 사람에게 분명히 매우 즐거운 경험이 될 것이다. 그리고 여름철에는 야생 과일과 허브, 그리고 향신료를 재료로 기발한 상상력을 발휘하여 즉흥적으로 허브티를 만들어 볼 수도 있다. 식물을 좋아하는 사람이라면 블렌딩 작업을 통해 자연 그대로의 아름다움에 경의를 표할 수 있는 것이다. 그리고 자연을 관찰하면서 식용 식물에 관한 지식을 쌓고, 자연 생태계의 환경과 식물의 역할에 대한 이해도를 높이면서 식물화학의 지식까지도 습득할 수 있다. 이렇게 자연을 관찰하고 즐거움을 만끽하면서 식물성 성분의 화학적인 효능에 대해서도 이해하게 되면, 하나의 식물을 다른 식물성 재료들과 블렌딩하였을 경우에 최종적인 향미와 효능에 어떤 결과를 가져다주는지에 대해서도 잘 이해할 수 있을 것이다.

미각 훈련

사람들이 허브티를 그토록 사랑하는 것은 허브들에서 제각기의 독특한 맛과 향을 경험할 수 있기 때문이다. 허브에서 약이라는 느낌은 줄이고 매일 같이 젊어지는 느낌은 충분히 늘릴 수 있다. 그럼에도 사람들은 서로 다른 미각들이 사람의 몸에 주는 영향이 어떤지에 대해 전혀 알지 못한 채, 허브티를 즐기는 일을 단지 가벼운 식습관으로만 간주하는 경향이 있다.

가공 식품에서는 건강 효능을 거의 기대할 수 없고, 실제 허브나 향신료에서 볼 수 있는 강렬하면서도 침투성이 강한 향미도 전혀 나지 않는다. 사람들은 일상생활 속에서 쉽게 접할 수 있는 단맛, 짠맛, 그리고 인공적인 향미에 강하게 길들여져 있기 때문에 상대적으로 자연계의 천연 향미에는 그다지 익숙지 못하다. 따라서 허브의 특성과 향미에 더욱더 익숙해지려면 약간의 노력과 훈련이 필요하다.

맛과 향을 정확히 이해하려면 먼저 각각의 허브를 테이스팅할 때 자신이 경험하는 감각에 집중해야 한다. 예를 들면, 신선한 민트나 건조시킨 민트의 잎을 입에 넣은 뒤 입과 코로 느껴지는 맛과 향의 차이에 집중하는 것이다.

- **맛의 확인** : 단맛, 짠맛, 신맛, 쓴맛, 매운맛의 유무를 확인한다. 허브에서는 보통 복합적인 맛이 나지만, 일반적으로는 특정한 하나의 맛이 다른 맛보다 더 우세하다.
- **입안의 촉각** : 맛을 볼 때 촉각을 확인한다. 질감, 떫은맛(입안이 마르는 느낌), 저린 맛(입안이 마비되는 느낌) 등을 확인한다.
- **연상 이미지** : 허브의 느낌을 확인한다. 맛에서 떠오르는 이미지를 생각한다.

위의 세 항목을 확인하면 허브에 대한 자신만의 평가 의식을 견고하게 구축할 수 있고, 허브의 작용에 따른 맛의 유형도 알 수 있다.

신선한 허브는 건조된 허브와는 그 맛이 다르다. 신선한 허브는 보통 수분 함량이 75~90% 정도에 이른다. 그런데 수분을 적당히 증발시킨 건조된 허브를 먹어 보면, 신선한 허브와는 달리 일부 특징들이 더 강하게 느껴질 수 있다. 실제로 신선한 허브에서는 단맛, 쓴맛, 휘발성 에센셜 오일의 성분들이 뒤섞여 복합적인 맛으로 느껴지는 반면, 건조된 허브에서는 우렸을 경우에 보다 더 강렬하고 우세한 하나의 특정한 맛을 주로 느낄 수 있다.

허브티의 향미

갓 딴 허브든지, 말린 허브든지 간에 각각의 허브에 대해 알았다면, 이제부터는 그러한 개별 허브들을 혼합한 허브티의 향미를 알아야 한다. 티블렌더가 허브들을 잘 선정하여 블렌딩의 균형이 훌륭하다면, 그 허브티의 향미는 매우 높은 수준일 것이다. 허브티를 마실 때마다 시간을 들여 맛과 향, 그리고 '질감(입안에서의 촉각)'을 집중적으로 느껴 보길 바란다. 그러면 각각의 허브들이 블렌딩되면서 형성된 완전히 새로운 향미를 느낄 수 있으며, 허브티에 대한 강렬한 인상도 받을 수 있다.

허브티를 테이스팅하면서 기억해 내려는 허브의 수가 많을수록 정신의 집중력은 높아지고 연상 작용도 지속된다. 새로운 허브티를 테이스팅할 경우에는 순간적으로 두드러지는 한두 가지의 특정한 향미에 집중한 뒤 아무런 생각 없이 물로 입안을 헹군다. 이때는 가장 흥미롭고 호기심이 어린 순간인데, 마치 아이가 된 듯 궁금증과 연이은 놀라움으로 매우 깊은 즐거움을 느낄 수 있을 것이다. 허브티를 한 모금 마시면 맛을 느낌과 동시에 특정한 허브와 관련된 추억이 떠오르면서 몸에서도 변화가 일어난다. 그리고 허브티를 마시면서 깊은 관심을 갖는다면, 허브티를 다각도로 평가할 수 있는 능력도 기를 수 있다. 어떤 허브티에서는 한 모금 마시는 순간에 어떤 이미지와 '연결되었다'거나 블렌딩에 '성공하였다'는 직감이 들어 황홀감을 느끼는가 하면, 또 다른 허브티에서는 마치 오래된 친구를 만난 느낌이 들어 그 허브티와의 교감을 멈출 수 없는 경우도 있다. 실제로 매혹적인 허브티 한 잔에 마음의 평정이 한순간에 무너질 수도 있다.

다양한 형태의 허브티를 테이스팅하는 데 익숙해지면 여러 허브들을 실용적으로 활용하는 방법도 직관적으로 알 수 있다. 예를 들면, 주위에 향이 매우 훌륭한 들장미가 널려 있다고 하자. 건조시킨 들장미의 꽃잎, 즉 로즈페틀rose petal은 비록 보기에 아름답고 일부 유효 성분들을 허브티에 제공할 수는 있겠지만, 향의 주성분인 에센셜 오일은 이미 건조 과정에서 증발하고 없는 상태이기 때문에 강하고 향긋한 향은 느낄 수 없다. 따라서 장미향을 즐기려는 사람들은 장미꽃이 개화한 즉시 꽃잎을 따 곧바로 블렌딩에 사용해야 한다.

특정한 지역에서 풍부하게 자생하는 야생 허브를 사용해 블렌딩 작업을 자주 시도해 본다면 그 식물을 구체적으로 어떤 방법으로 활용할 수 있을지도 알 수 있다.

정원에 핀 들장미의 경우에는 신선한 꽃잎을 허브티로 우려내 이웃들과 함께 나눠 마실 수 있다. 들장미의 열매인 로즈힙rose hip은 가을철에 따서 건조시켜 두었다가 나중에 블렌딩에 활용할 수도 있다.

블렌딩 작업을 꾸준히 하다 보면, 허브의 품질을 판별하는 감각도 예리하게 갈고 닦을 수 있다. 허브를 눈으로 관찰하거나 코로 향을 맡거나 입으로 맛을 보기만 해도 품질이 좋은지, 나쁜지를 곧바로 알 수 있는 것이다. 이렇게 감각을 고도로 발달시키면, 기존 허브의 품질에 큰 변동이 생기는 예상치 못한 상황이 벌어져도 공급처를 바꿔 나가면서 기대치 품질의 허브를 원활히 구할 수 있는 것이다.

허브의 아름다운 세계에 빠져든 사람이 있다면, 가능하면 다양한 허브를 테이스팅해 보고 그 느낌을 정리해 둘 것을 적극적으로 권장한다. 특히 각 허브들에서 보이는 미묘한 차이점에도 주목해야 한다. 훈련을 통해 허브들에서 보이는 미묘한 차이를 판별할 수 있다면 허브티뿐 아니라 음식의 재료를 선정하는 데에도 매우 큰 도움이 된다. 허브의 향미를 판별하는 일이 익숙해지면 매일 차리는 식단에도 자연의 맛과 향을 그대로 살릴 수 있다.

다섯 가지의 기본 맛과 성질

블렌딩의 재료인 허브는 일반적으로 맛으로 분류한다. 허브의 다양한 맛을 느껴 보는 것도 허브의 효능을 이해하는 데 큰 도움이 된다. 식물의 화학 성분이 허브의 맛에 주는 영향을 깊이 알수록 허브의 정확한 사용법에 관한 지식도 더 깊어질 것이다.

사람은 다섯 가지의 맛을 느낄 수 있다. 이를 '기본 맛'이라고 하는데, 신맛, 단맛, 짠맛, 쓴맛, 감칠맛이다. 이러한 맛은 혀의 미뢰를 통해 감지될 수 있다. 향미의 또 다른 분류인 매운맛은 입안에서 기본 맛의 경우와는 다른 독특한 수용 세포를 통해 감지된다. 그리고 떫은맛은 '맛이 아니라 촉각'에 가깝다. 자연은 특정한 맛과 관련하여 수천 종류의 다른 향미를 창조한다. 예를 들면, 후추의 매운맛은 안젤리카angelica의 뿌리나 타임thyme의 매운맛과는 전혀 색다르다. 셰프는 이와 같이 다양한 맛과 촉각을 가장 먼저 수용하고 균형을 찾아 최고의 음식을 창조하는 사람이다. 다섯 가지의 기본 맛은 허브의 기본적인 작용과 그 과정을 이해하는 데 매우 큰 도움을 줄 것이다.

신맛

신맛은 과학적으로 완전히 규명되지 않아 베일에 가려진 상태이다. 당연히 신맛을 감지하는 화학적인 메커니즘도 아직은 연구 상태에 놓여 있다. 그러나 사람들은 경험상으로 신맛이 다른 향미에 얼마나 큰 영향을 주는지 익히 잘 알고 있다. 식초나 레몬주스가 곁들여지지 않은 샐러드드레싱salad dressing을 상상해 보라. 샐러드드레싱에서 신맛의 성분을 제거해 버리면, 밋밋한 맛과 오일의 느끼한 맛만 남을 것이다.

신맛의 재료는 일반적으로 향미를 북돋워 주기 위해 사용한다. 레몬주스나 식초와 같이 신맛이 강한 재료들은 다소 자극적인 촉감을 주어 얼굴을 찌푸리게 만들거나 목 안쪽에서 약간 타 들어가는 느낌을 줄 수 있다. 일부 신맛의 재료는 떫은맛이 나면서 갈증을 안겨 주지만, 또 다른 신맛의 재료는 유기산organic acid을 함유하여 날카롭고 청량한 느낌을 준다. 과일과 허브에 함유된 대표적인 유기산으로는 시트르산citric acid, 아스코르브산ascorbic acid(비타민 C), 말산malic acid, 옥살산oxalic acid이 있다. 과실수와 허브 식물은 열매와 씨앗이 성숙하기도 전에 개체를 죽게 하고 병들게 하는 특정한 유형의 박테리아가 증식하는 것을 막기 위해 이러한 유기산 성분들을 자연적으로 생성시킨다.

식물계에서 신맛을 내는 대부분의 성분들은 열매에서 씨앗을 둘러싸는 부위에 집중되어 있다. 결국 식물의 씨앗이 분포된 구조에 따라서 다 익은 열매의 신맛도 달라진다. 예를 들면, 블랙베리blackberry는 씨앗과 과육이 미성숙하면 매우 강한 신맛이 난다. 그러나 씨앗이 완전히 성숙하면 과육은 단맛이 나기 시작하고 신맛은 줄어든다. 블랙베리를 먹잇감으로 삼고 씨앗을 퍼트리는 동물들은 이 시기를 매우 좋아한다. 씨앗과 과육이 성숙하는 동안에는 식물이 강한 산성의 화학 성분을 생성하여 씨앗이 미성숙한 상태로 동물에게 먹히는 것과 미생물에 의해 분해되는 것을 막는 것이다. 그리고 일단 씨앗과 과육이 완전히 성숙하면 산성이 약해지면서, 결과적으로 블랙베리를 먹는 동물의 소화를 돕는다. 곰이나 새가 블랙베리를 먹은 뒤 몇 시간이 지나면 배변과 함께 씨앗이 새로운 장소에 떨어지는데, 그곳에서 새로운 개체의 블랙베리가 자라는 것이다.

결국 신맛의 과일과 허브는 산성 성분이 많으면 조직을 태우고 특정 유형의 미생물을 죽이는 작용을 하는 반면, 산성 성분이 적으면 오히려 소화를 돕는 작용을 하는 것이다. 고농축의 산성 성분이 입에 닿았을 때 얼굴을 찌푸리는 것은 지극히 자연스러운 반응이다. 신맛의 세기를 판가름하는 능력은 강한 산성을 피하고, 그 성분이 유발할 수 있는 잠재적인 위협으로부터 몸을 보호하려는 생존 본능이기 때문이다. 신맛의 음식과 허브는 소화를 돕고, 조직을 강화하며, 건강한 장내미생물intestinal flora(특히 발효 음식에 함유된 미생물)의 활동을 촉진시키고, 갈증을 해소한다.

■음식으로서의 허브티■

음식의 조리 기술은 자신의 직접적인 체험을 통해서 습득하는 것이 가장 바람직하다. 부엌일에 익숙해지면 조리용의 말린 향신료나 견과류, 과일로 블렌딩을 시도해 보길 바란다. 그리고 날씨가 쌀쌀해지는 가을철부터 겨울철에는 가정에서 직접 다양한 허브들을 재료로 사용해 신선하면서도 맛있는 죽을 만들어 보거나 영양성이 듬뿍한 사골 국물을 만들어 보길 바란다.

다양한 허브를 활용하여 음식을 직접 조리하다 보면, 허브의 향과 맛, 그리고 효능을 스스로 체득할 수 있을 것이다. 즉 맛, 향에 대해 탐구하다 보면, 어느새 효능을 비롯하여 식물성 재료들에 대해 점차 전문가가 되는 것이다. 또한 자신이 직접 블렌딩한 허브티는 일상에서 부딪치는 다양한 스트레스로부터 몸의 건강을 스스로 관리하는 데에도 큰 도움이 된다. 허브는 하나의 단순한 식물에 지나지 않을 수도 있지만, 활용하기에 따라서는 훌륭한 음식도 될 수 있다. 예를 들면 영양이 풍부한 카레나 향신료가 든 수프를 조리할 경우에 짠맛의 허브는 고기, 야채와 함께 조미료로도 사용할 수 있기 때문이다.

더욱이 향신료를 포함해 허브는 음식의 성분인 단백질과 지방을 효과적으로 분해하는 데 도움을 주고, 체내 가스의 배출을 촉진하며, 오염된 식품의 섭취로 오는 감염으로부터 몸을 보호하기도 한다. 특히 허브를 고농도로 우려내 허브티로 마시면 그러한 건강적인 효능은 더욱더 증폭된다. 그 밖에도 탄수화물, 지방, 단백질 위주의 재료에 단맛, 아린 맛, 신맛, 짠맛의 허브를 첨가하면 음식의 맛에서 균형을 잡아 줄 수 있다.

한편 음식을 통해 허브의 사용법을 오랫동안 익히고 자연을 사랑하다 보면, 어느새 허브의 치유 효능도 알게 된다. 신선한 식재료와 지역에서 자생하는 허브에서 영감을 얻어 블렌딩을 통해 허브티를 만들어 마시면, 몸과 마음의 건강을 유지하고 여린 영혼의 안식을 얻는 데 크나큰 도움이 된다. 이러한 허브티는 우리의 일상에 '소소하지만 확실한 행복감'을 가져다주고, 자신의 내면에서, 지역 사회의 관계 속에서 '희망', '감사', '웰빙'이라는 소중한 가치를 새삼 일깨워 준다. 실제로 가까운 친구들이나 가족들과 함께 음식과 허브티를 나누어 먹는 일만큼이나 기분이 좋은 일도 없다.

또한 허브의 산성 성분 중 일부는 영양소와 미네랄 성분이 체내에 효과적으로 흡수될 수 있도록 도와준다. 그러나 모든 것이 과유불급으로 신맛의 음식이나 허브를 과하게 섭취하면 신체 조직이 약화되고, 치아와 잇몸도 심하게 쇠약해질 수 있다.

신맛이 나는 허브는 대부분이 과일이나 베리류인데, 효소 성분과 항산화 물질이 풍부하게 들어 있다. 그리고 소화를 도와주는 일부 신맛의 음식과 허브의 효능은 유기산과 항산화 물질, 그리고 효소가 상승효과를 낸 것이다. 허브의 또 하나의 굉장한 점은 수천 종류의 화학 성분들이 혼합되어 하나의 독특한 향미를 낸다는 것이다.

신맛의 세기는 단맛, 매운맛, 짠맛, 쓴맛의 성분에 대한 유기산 성분의 상대적인 농도가 결정한다. 이러한 신맛의 허브는 미각에 청량감과 상쾌함을 안겨 주고, 꽃과 향신료 향미를 증가시켜 행복감을 주기 때문에 실험을 하다 보면 재미도 있다. 보통 사람의 몸은 신맛의 성분을 본능에 따라 거의 즉각적으로 감지하고, 그 다음에야 비로소 다른 향미의 성분들을 감지한다.

허브티의 블렌딩에 사용되는 강한 신맛의 허브에는 레몬lemon, 오미자schisandra, 크랜베리cranberry, 린든linden, 복숭아 잎peach leaf, 전나무 잎fir tips, 알마alma 등이 있다. 그리고 약한 신맛의 허브에는, 베리류 잎berries leaf, 히비스커스hibiscus, 호손hawthorn(산사나무), 로즈rose(장미) 등이 있다.

짠맛

소금은 오늘날 우리 주위에서 너무도 쉽게 구할 수 있는 재료이다. 아마 소금을 구하기가 어렵다고 느끼는 사람은 오늘날 거의 없을 것이다. 그럼에도 불구하고 소금 맛이 나는 허브는 놀랍게도 거의 찾아볼 수 없다. 그리고 실제로도 사람들은 짠맛의 허브티를 거의 마셔 본 적이 없을 것이다. 물론 짠맛이 매우 미묘하게 나는 허브도 있는데, 대부분이 해초류나 미네랄 성분이 풍부한 식물들이다. 예를 들면, 클리브cleaver(갈퀴덩굴), 오트스트로oat straw(귀리 짚), 호스테일horsetail(쇠뜨기)이다. 이러한 허브 식물들은 동물 세포의 기초적인 기능에 꼭 필요한 나트륨을 비롯해 필수적인 미네랄 성분들을 함유하고 있다.

나트륨 이온은 입안에서 금속성의 맛을 내면서 미각을 날카롭게 만든다. 이러한 이유로 달고 매운 음식에 소금을 첨가하면 놀랍게도 향미가 강렬해짐을 느낄 수 있다. 일반적으로도 음식에 소금을 가하면 맛이 좋게 느껴지는 것이다. 그러나 신맛이나 쓴맛의 음식에 소금을 가하면, 그 음식의 향미들이 억제되는 것을 느낄 수 있다. 이와 관련하여 소금은 단지 신맛과 쓴맛을 약화시켜 단맛과 매운맛을 살려 주는 것이지, 실제로는 향미를 증폭시키지 않는다는 사실들이 연구들을 통해 점차 밝혀지고 있다. 소금이 신맛과 쓴맛, 그리고 다른 맛들을 내는 마그네슘, 나트륨, 칼륨이 풍부한 과일이나 야채를 우리가 섭취하도록 유도하기 위해 단맛을 강하게 인식시키는 듯하다.

소금은 그 자체로 식욕을 불러오고 소화를 촉진한다. 소금이 물을 흡수하기 때문에(갈증이 느껴지는 이유) 한의학에서는 짠맛의 물질을 무겁고(重), 습한(濕) 것으로 본다. 소금은 혈액량을 늘리고 몸 조직에 수분을 공급하는 효능도 있지만, 과도하게 섭취하면 수분 보유량을 높여 혈압을 상승시키는 부작용도 있다.

식탁염에 비하면 허브에 함유된 짠 성분은 보통 미미한 수준이지만, 특정 허브의 경우에는 나트륨과 칼륨의 성분이 다량으로 함유되어 있다. 그러한 허브로는 페퍼민트peppermint, 파슬리parsley, 켈프kelp, 블레스드시슬blessed thistle, 버독burdock(우엉) 뿌리, 셀러리celery 씨앗, 캐모마일chamomile, 치크위드chickweed(별꽃), 댄딜라이언dandelion(민들레) 뿌리, 고투콜라gotu kola, 호스테일horsetail(쇠뜨기), 리코리스licorice(감초) 뿌리, 오트그래스oat

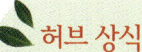

■ 생명체에서 소금의 역할 ■

소금은 산과 염기가 이온 결합으로 형성된 화합물의 일종이다. 나트륨(Na), 칼륨(Ka), 칼슘(Ca), 마그네슘(Mg), 철분(Fe)은 모두 염기성 물질로서 이온 상태에서는 양전하를 띤다. 이 염기들은 음전하를 띤 특정한 산들과 결합하여 전기적 중성을 이루고 안정된 물질을 이룬다. 이렇게 형성된 것이 바로 '소금'이다. 보통 소금이라고 하면 바다의 염화나트륨(NaCl)을 가리킨다.

이 소금은 생명체에 반드시 필요한 성분이다. 수억 년 전 지구상의 모든 생명체들은 소금이 풍부한 바다에서 살았다. 이 바다 생명체에서 진화한 땅 위의 모든 생명체들은 지금까지도 대부분의 생물학적인 과정을 소금에 의존하고 있다. 소금이 풍부한 바다에 살았던 습성으로 인해 생명체인 사람도 짠맛을 느끼면 맛있다고 간주하는 것이다.

소금의 성분인 나트륨은 우리 몸의 세포 안팎에서 이온 농도를 조절하는 데에 매우 중요한 역할을 한다. 세포 안팎에서 나트륨 이온(Na^+), 칼륨 이온(K^+)의 전하량 분포 차이로 인해, 세포막 수송계에서 나트륨 이온이 세포 밖으로 나가고, 칼륨 이온이 세포 안으로 들어오는 반응이 일어난다. 이를 전문적으로는 '나트륨 펌프'라고 한다. 이러한 나트륨은 사람의 근육 수축, 신경 신호의 전달, 세포의 체액 조절에도 반드시 필요한데, 보통 염화나트륨의 형태로 천일염이나 정제염을 통해 섭취된다. 물론 사람의 몸에는 칼륨, 마그네슘, 칼슘과 같은 다른 미네랄 성분들도 필요하지만, 특히 음식과 허브에 함유된 소금 성분은 체내에서 나트륨이 균형을 이루는 데 큰 도움을 준다. 하루 권장 섭취량에서 칼륨과 나트륨이 차지하는 비율은 3 대 1 정도가 가장 좋다.

grass(야생 귀리), 로즈힙rose hips(장미 열매), 세이지sage, 타임thyme(백리향), 터메릭turmeric(강황) 등이 있다.

쓴맛

식물들 중에는 쓴맛을 지닌 것들이 놀라울 정도로 많다. 식물은 스트레스를 받거나 동물의 포식을 사전에 막기 위해 쓴맛을 내는 화합물들을 생성한다. 쓴맛을 내는 화합물의 주요 성분으로는 오일, 타닌, 알칼로이드, 페놀, 플라보노이드 등이 있다. 우리 몸이 쓴맛에 강한 거부 반응을 보이는 것은 지극히 자연스러운 반사 작용이다. 쓴맛은 독성의 신호로 간주되기 때문이다. 그러나 안전한 재료의 은은한

허브 상식

■ 떫은맛은 촉각! ■

크랜베리나 히비스커스를 먹으면 입안이 갑자기 마르는 듯한 느낌이 드는데, 이것이 바로 '떫은맛astringency'이다. 떫은맛은 맛이라기보다는 촉각에 의한 감각으로 신맛 음식에 든 유기산이나 쓴맛 음식에 든 폴리페놀polyphenol 성분에서 두드러진다. 이 화학 성분들은 입안에서 침액이 갑자기 마르는 듯한 느낌이 들게 한다. 떫은맛의 성분이 조직을 수축시키고 팽팽하게 조여 점액막으로부터 점액의 분비량을 줄이면서 입안이 마르는 듯한 느낌을 안겨 주는 것이다. 떫은맛이 나는 허브가 반드시 신맛을 내는 것은 아니지만, 신맛이 나는 허브들은 일반적으로 매우 다양한 수준의 떫은맛을 낸다. 라즈베리 잎, 블랙베리 잎, 녹차 등이 대표적이다.

떫은맛의 허브는 내부적으로 사람 몸에서 조직의 일부를 자극하여 조직의 분비물을 줄이고, 과도한 설사를 막고, 이완된 조직을 수축시키고, 몸 안팎으로 출혈을 줄인다. 또 살균 작용이 있어 요도 감염증, 구강 및 인후 기관의 염증을 치료하는 효능도 있을 뿐만 아니라 보습 효과로 인해 시원한 느낌도 준다.

떫은맛은 매우 중요한 성질로서 우러난 티에 매우 독특한 성질을 띠게 한다. 그 떫은맛이 입안의 조직에 영향을 주는 과정을 알아보는 것도 매우 가치 있는 일이다. 떫은맛을 내는 대표적인 화학 성분인 타닌tannin은 티뿐만 아니라 사람의 몸에도 깊은 향미를 제공한다. 왜냐하면 사람마다 타닌 성분의 농도에 대한 반응이 다르기 때문이다. 타닌 성분이 다량으로 함유된 허브티는 설탕이나 향이 풍부한 허브를 첨가하여 떫은맛을 줄여 마시는 것이 좋다.

쓴맛은 건강에 굉장히 좋다.

　사람의 몸은 단맛, 신맛, 짠맛에 비해 쓴맛에 더 민감하게
반응한다. 혀에 쓴맛이 감지되면 소화기계에 즉각적인 반응을
일으킨다. 타액의 분비량을 늘려 곧바로 소화 작용을 일으킨다. 쓴맛
의 허브가 소화 작용에 도움이 되는지 확인하기 위해 실제로 맛을 보
는 것도 좋다! 일반적으로 쓴맛의 화합물은 분해하는 데 많은 양의 에너지가 소모
된다. 사람의 몸은 이와 같은 이유로 쓴맛을 감지하면 췌장과 간을 미리 자극시켜
신진대사의 능력과 해독 작용을 강화하는 것이다. 스트레스가 심하고 패스트푸드
가 범람하는 오늘날에 쓴맛은 이제 사람의 몸에 꼭 필요한 요소이다.

　쓴맛의 허브들은 사람 몸에서 자연 면역계를 강화시킨다. 대부분의 민간요법에
서는 쓴맛의 효능으로 혈액을 맑게 하는 '정혈精血'을 들고 있다. 이 민간요법은 보
통 '대체 의학'이라고도 하는데, 그 목적은 피부, 간, 신장 등의 배설 기관과 림프계
의 기능을 강화하여 이화 작용catabolic process과 신진대사를 촉진하는 것이다. 그 결과
조직을 새롭게 재구축하고, 영양의 흡수 및 동화 작용을 촉진하여 질병에 대한 몸
의 저항력을 길러 준다. 이러한 대체 의학에서 주로 등장하는 허브로는 에키네이
셔echinacea, 레드루트red root, 오리건그레이프oregon grape, 옐로독yellow dock, 터메릭(이하 강황),
댄딜라이언(이하 민들레)이 있다.

　사람은 진화의 과정에서 식물들과 공존하면서 쓴맛을 지닌 허브 중에서 몸에
이로운 것과 해로운 것을 가려낼 수 있게 되었다. 쓴맛을 지닌 허브와 식물 중에서
먹어도 안전하다고 기록된 목록들을 보면서 하나하나 자신의 미각으로 직접 경험
해 보길 바란다.

　또한 사람은 쓴맛을 지닌 허브와 식물들을 오래전부터 음식과 약으로도 활용해
왔다. 쓴맛이 나는 식물들 중에서도 약효가 좋아 사람들이 소중히 여겼던 것으로
는 안젤리카angelica, 오샤osha, 엘리캄페인elecampane(이하 목향), 얘로yarrow(이하 서양톱풀), 엘더
플라워elderflower 꽃, 카카오cacao, 강황, 민들레, 티, 커피 등이 있다.

　미각적으로 참고 마실 수 있는 쓴맛의 세기는 레시피나 허브에 함유된 기타 성
분에 따라 달라진다. 매우 쓴맛의 허브나 블렌딩 허브티일지라도 설탕이나 소금을
첨가하면 쓴맛이 줄어들어 마시기에 훨씬 편하다. 뒤뜰 정원에 핀 민들레 잎으로

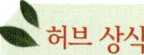

▪맛의 화학▪

혀의 미뢰는 화학 수용기chemoreceptor라는 세포의 군집체로서 감각이 특화되어 있으며, 입안에 들어온 모든 물질의 화학 성분들을 분석한다. 맛을 인식하는 사람의 감각에는 두 가지의 주요한 기능이 있다. 첫 번째는 음식의 독성과 영양을 평가하여 섭취의 여부를 판단하는 데 도움을 준다. 두 번째는 소화 기능을 자극하여 섭취한 식음료를 대사할 수 있도록 몸을 준비시킨다. 사람은 유년 시절부터 경험한 모든 맛을 떠올릴 수 있어 맛과 관련된 강한 정서나 추억을 불러일으킨다. 설사 눈을 가리고 음식을 먹는다고 해도 과거에 그 맛을 느낀 순간의 모습이 떠올라 무슨 음식인지를 정확히 알아맞히는 것이다.

사람이 맛의 감각을 통해 음식을 정확히 인식할 수 있다는 것은 정말 놀랍고도 다행스러운 일이다. 이렇게 미각에 기초하여 결과를 예측하고 분별하는 능력이 있었기 때문에 인류는 지구사적 기간에 걸쳐서 생존할 수 있었던 것이다.

사람은 미각과 후각을 통해 건강에 영향을 줄 수 있는 맛과 향의 유형을 기억할 수 있다. 약효가 있는 식물은 일반적인 음식에 비해 좀 더 복합적이고 강한 향미를 지닌다. 그런데 오늘날의 수많은 사람들은 음식과 음료의 영양 성분을 판독하기 위해 맛의 감각을 사용하는 방법을 잊고 사는 것 같다. 허브티 애호가라면 이 잊어버린 기술들을 배우기에 굉장히 유리한 위치에 있다. 그리고 이러한 기술은 자신이 만드는 음료와 음식의 품질을 높이고 향미를 향상시켜 줄 것이다.

이를 곧바로 검증해 볼 수도 있다. 민들레 잎을 하나 따서 생으로도 먹어 보고, 소금을 약간 뿌려서도 먹어 본다. 그러면 소금을 뿌린 것이 쓴맛이 훨씬 덜하다. 일반적으로 훌륭한 요리사나 티블렌더들은 식물을 보는 순간 직관적으로 또는 의식적으로 다양한 맛들 사이의 관계를 파악한 뒤 쓴맛을 줄여 향미의 균형을 유지하면서 궁합에 맞게 조리하는 방법을 찾아낸다.

쓴맛의 허브들을 블렌딩하여 특정한 효능을 지닌 허브티를 만들 경우에는 과일이나 감초 뿌리 또는 꿀 한 스푼을 넣어 쓴맛을 줄일 수 있다. 쓴맛이 너무 강하면 사람은 본능적으로 뱉어 내기 마련이다. 그러나 쓴맛은 또한 달거나 적당히 신 허브의 맛에 강도를 조정해 줄 수 있는 가장 기본적인 향미이다. 예를 들면, 캐모마일과 히비스커스로 아이스티를 만드는 경우에 캐모마일의 은은한 쓴맛이 히비스커스의 강렬한 신맛을 조절해 주는 것이다. 또한 식사를 한 뒤에 은은한 쓴맛의 음료를 마시면, 단맛을 갈망하는 욕구도 억제시키는 것이다.

허브의 약리적인 작용과 잘 일치하도록 쓴맛이 약한 허브로 블렌딩을 자주 하면, 쓴맛이 균형감이 훌륭한 허브티의 맛 속으로 융합되는 과정을 잘 이해할 수 있다. 그리고 쓴맛의 일부 허브는 종종 몸의 온도를 약간 내리는 효능이 있는데, 한기를 느끼는 사람은 따뜻한 기운의 쓴맛을 지닌 허브를 섭취해야 건강에도 이롭다. 그러한 허브들로는 목향, 강황, 안젤리카, 오렌지필orange peel이 있으며, 따뜻한 기운으로 차가운 기운을 눌러서 균형을 잘 잡아 준다. 쓴맛의 미묘한 차이와 각 허브들이 지닌 맛의 세기에 익숙해지면, 홉hops, 민들레 잎, 오리건그레이프 뿌리 등의 쓴맛이 매우 강한 허브도 자유롭게 다룰 수 있다.

단맛

단맛의 음식을 먹는 것은 곧 우리의 몸에 에너지를 공급하는 일과도 같다. 물론 비타민과 항산화 물질도 에너지를 공급하는 요소이다. 단맛을 내면서 자양강장의 효능이 있는 허브들은 우리 몸의 중추신경계를 강화하여 스트레스에 대한 저항력을 길러 준다. 특히 감초 뿌리, 코도놉시스codonopsis(이하 만삼), 아스트라갈루스astragalus(이하 황기)는 대표적인 단맛을 내는 허브로서 자양강장의 효능도 매우 높다. 사람의 뇌와 근육에는 당분이 필요한데, 특히 운동성이 활발할 경우에는 더더욱 그렇다. 이것이 바로 사람들이 단맛에 열광하는 이유이다. 또한 단맛은 음식에 대한 미식적인 평가뿐 아니라 사람의 기분을 아주 좋게 만드는 데에도 중요한 역할을 한다. 사람들이 일상적으로 단맛을 즐기는 이유는 몸에 활력을 불어넣고 행복감을 가져다주기 때문이다. 한마디로 가공을 거치지 않은 천연의 단맛 음식은 자연이 사람에게 선사하는 진정한 선물인 셈이다.

생과일, 건과일 또는 단맛이 나는 허브를 티와 함께 블렌딩해 마시면 비타민과 미네랄, 그리고 항산화 물질을 풍부하게 섭취할 수 있어 날마다 우리 몸을 이루는 세포를 회복시켜 주는 데 큰 도움이 된다. 가공하거나 농축하지 않고 과일로부터 단순히 당류를 추출해 섭취하면 자연이 선사하는 단맛의 복합성과 완전성을 경험해 볼 수 있는 좋은 기회가 될 것이다. 그렇게 하면 과도하게 농축된 설탕은 전혀 먹을 필요가 없다. 이러한 방법은 허브티를 블렌딩하는 경우에도 자주 활용된다. 예를 들면, 단맛과 과일의 향미를 내기 위해 건베리나 건과일을 넣거나, 티의 쓴맛과 신맛을 줄이고 단맛을 내기 위해 감초 뿌리나 아니스히숍$^{\text{anise hyssop}}$, 스테비아^{stevia}를 넣는 경우이다.

잘 익은 과일에는 짧은 사슬 구조의 이당류(설탕 분자)가 들어 있다. 보통 설탕은 단당류인 포도당$^{\text{D-glucose}}$과 과당$^{\text{D-fructose}}$으로 구성되는데, 혀에 닿으면 둘 다 즉시 단맛을 낸다. 다당류는 당류의 복합 사슬체로서 녹말의 질감과 맛을 낸다. 다당류는

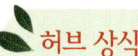

허브 상식

■ 식물의 방어제로 생성되는 화학 물질들 ■

식물의 고유한 맛과 향은 함유된 화학 물질이나 서식한 장소에 따라서 달라진다. 전 세계에 서식하는 식물들의 향미는 매우 다양하고도 폭이 넓으며, 독특한 화학 물질은 식물이 생태계에 특별한 이점을 주며 진화하는 과정에서 생성되었다.

농부들은 허브를 재배할 때 의도적으로 식물에 스트레스를 가해 약효를 띠는 화합물인 2차 대사물질의 분비를 늘린다. 식물은 스트레스를 받으면 일어나거나 이동할 수 없기 때문에 동물의 포식, 산화, 가뭄, 병원균으로부터 스스로를 보호하기 위해 화학 물질을 분비한다.

사람들은 상업적인 용도로 재배하는 식용 작물에서 2차 대사물질과 함께 쓴맛 성분의 함유량을 조절하는 방법을 개발하였다. 예를 들면, 일반 양상추 품종은 쓴맛이 더 강한 야생종인 가시상추$^{\text{prickly lettuce, Lactuca serriola}}$로부터 개량된 것이다. 그리고 사람들은 영양분이 균형이 잡히고 자생력이 강한 것보다는 향이 은은하고 당이나 녹말의 함유량이 높은 식물들을 음식으로 섭취해 왔다.

식물의 쓴맛을 조정하는 이 과정은 식물의 환경 적응성을 떨어뜨리고, 농업 환경에서 식물을 보호하기 위해 고농축 살충제를 사용해야 하는 위험한 환경을 초래하여, 결과적으로 식량 시스템의 균형을 급격히 무너뜨리는 것이다.

따라서 식물들이 사람에 의한 고농도의 화학적인 개입이 없이도 자생할 수 있는, 야생 식물들에 가까운 식량 시스템이 유지될 수 있도록 사람들은 미각에 초점을 맞춘 품종 개량 작업에 대해 다시 생각해 보아야 한다.

결과적으로 야생 식물과 허브를 제대로 평가하고 섭취하는 방법을 익히면, 사람들은 자연스레 약성이 강한 약물에 대한 의존성을 줄일 수 있다. 왜냐하면 매일 같이 그러한 식물들을 섭취하면, 항산화성 물질, 비타민류, 항염증 성분, 항균 오일 등의 약리적인 성분들을 자연스럽게 복용하는 셈이기 때문이다.

본래 단맛이 덜하며, 보통 식물의 뿌리와 줄기에서 영양분으로 저장된다. 당류를 추출하는 방식은 허브에 함유된 당류의 종류에 따라서 다르다. 과일에 든 이당류인 설탕은 '우려서' 추출하고, 식물의 뿌리나 줄기, 버섯에 든 다당류는 녹말 성분이 많아 온도를 높여 '달여서' 추출한다.

한방 재료 중에서 단맛을 적당히 내는 당류의 대부분은 뮤코다당류mucopolysaccharides이며, 피부의 염증이나 건열을 누그러뜨리는 효능이 있다. 그리고 사람의 몸에서도 윤활유의 역할을 하는 점액을 분비하는데, 이는 특별히 점액다당류mucopolysaccharide substance라고 한다. 뮤코다당류를 다량으로 함유한 허브로는 감초 뿌리, 비술나무, 맬로mallow(이하 아욱), 알로에베라aloe vera 등이 있다. 이러한 허브들은 사람의 몸에서 분비되는 점액과 유사한 물질들을 다량으로 함유하고 있다.

뮤코다당류는 끈적끈적한 점성이 있어 조직을 감싸고 염증을 완화하는 효능이 있다. 이를 허브티로 우려내 마시면 입안과 목안, 그리고 소화기계의 조직에서 건열과 염증을 줄일 수 있는 것이다.

영양이 풍부한 허브들은 향미가 전반적으로 가볍고 달콤하다. 따라서 영양이 풍부한 허브들은 독한 한약재의 향이 나는 허브티를 블렌딩하는 경우에 쓴맛을 줄이거나 강한 향미를 줄이기 위해 사용된다. 단맛의 허브와 과일을 다양하게 알아 두고 적절히 활용하면, 진하고 독한 향미의 허브티를 약효는 유지하면서도 불쾌한 맛을 없애면서 기분 좋게 마실 수 있는 것이다.

감칠맛

일본에서는 우마미ぅま味라고도 하는 감칠맛이 식품의 맛과 향에서 매우 중요한 역할을 하고 있다. 서구 사회에서도 세이버리 테이스트savory taste라고 하여 그 가치를 높이 평가하고 있다. 감칠맛은 진한 맛을 내면서 식욕을 불러일으키는 것이 특징인데, 이러한 특징은 단백질과 매우 밀접한 관련이 있다. 따라서 단백질이 풍부한 해초, 견과류, 약용 버섯, 네틀, 알팔파alfalfa와 같은 허브는 감칠맛이 풍부하여 티와도 잘 어울리며, 특히 진한 피시소스fish sauce와 사골 국물과도 맛의 궁합이 잘 들어맞는다.

감칠맛의 미각 수용체는 침의 분비를 촉진하고, 글루타민산염^{glutamate}과 양의 상관관계를 보인다. 글루타민산염은 동식물계에서 흔히 볼 수 있는 아미노산(단백질의 구성 성분)으로 음식에 이것의 함유량이 높을수록 감칠맛과 육류의 맛도 풍부해진다. 참고로 MSG는 합성 글루타민산염을 말한다.

감칠맛은 특정 유형의 식품에 풍미를 더해 주는 큰 역할을 하지만, 의학적인 연구 측면에서는 임상실험적인 근거가 아직도 많이 부족한 상황이다.

사람의 몸은 피부, 뼈, 근육, 모발, 효소 등의 조직으로 구성되어 있고, 이러한 조직은 다시 단백질로 구성되어 있다. 이러한 단백질은 건강한 세포의 신진대사에서 매우 중요한 역할을 수행하지만, 탄수화물이나 지방과는 달리 체내에 축적되지는 않는다. 따라서 사람이 건강을 유지하려면 단백질을 반드시 섭취해야 하는 것이다.

한편 이 책에 수록된 일부 허브티의 블렌딩에서는 영지버섯, 차가버섯, 견과류, 네틀이 주로 사용되고 있다. 영지버섯과 차가버섯을 진하게 달이면, 그 고유의 맛과 향이 특별히 놀랍거나 역동적이지는 않지만 매우 만족할 만한 풍미의 음료가 된다. 우엉과 같은 뿌리류와 약용 버섯을 함께 블렌딩하면 다소 의아하게 생각되겠지만, 이들은 식물의 잎과 꽃에서는 결코 맛볼 수 없는 중요한 특징들을 지니고 있다. 이와 같은 버섯류와 뿌리류에는 사람의 입맛을 당기는 특유의 감칠맛이 있는 것이다.

매운맛과 아린 맛

매운맛^{spicy taste}은 기본 맛을 느끼는 혀의 미뢰와는 전혀 상관이 없으며, 오히려 열의 감각 기관과 관련 있다. 허브와 칠리 향신료의 톡 쏘는 듯한 아린 맛^{pungent taste}은 입안의 온도수용기^{thermoreceptor}에서 감지되는데, 이 온도수용기는 자극을 감지하여 뜨거움과 통증을 유발하면서 '뜨거운 음식을 먹는다'는 사실을 뇌로 알려 준다.

매운맛과 아린 맛의 허브는 보통 중요한 약재로 사용된다. 잎과 뿌리의 향기로운 향과 상쾌한 풍미는 휘발성 에센셜 오일에서 나오는 것으로서 주로 아린 맛을 낸다. 에센셜 오일은 식물이 병원균이나 곤충으로부터 스스로를 지키기 위해 생성시키는 화학 물질이다. 이 항균성 화학 물질로 인해 식물은 기생 곰팡이균이나 박테리아균으로부터 자신을 보호할 수 있는 것이다. 생강, 계피, 후추, 민트, 타임, 바질basil은 에센셜 오일을 풍부하게 함유하고 있어 매운맛과 아린 맛을 동시에 내는 대표적인 허브들이다.

매운맛의 허브는 우리 몸에서 열을 내는 효능이 있다. 매운맛을 지닌 허브를 블렌딩해 만든 허브티나 매운 음식을 먹었을 경우에는 열이 혈관을 따라 훈훈하게 전달된다. 예를 들면, 매운맛의 음식을 먹으면 얼굴이 화끈거리고 빨갛게 달아오르는 것이다. 치료제로서 매운맛의 허브는 땀이 나도록 하여 몸의 온도를 내려 준다. 특히 여름철의 더운 날씨에는 몸에서 땀이 증발하면서 열도 날아가 결과적으로 체온을 내려 준다. 이러한 허브를 전문적으로는 '발한성 허브diaphoretric herb'라고 한다.

겨울철에 매운맛의 허브티를 마시면 몸이 침체되는 증상을 줄여 준다. 앞서 설명하였듯이 매운맛의 허브는 발한 효능이 있어 신진대사로 생성된 노폐물을 땀을 통해 배출하여 몸을 개운하게 하는 것이다. 그리고 아린 맛의 허브는 면역계를 강화하는 효능이 있다. 일부 허브는 혈액 순환을 촉진하고 병원체를 죽일 정도로 몸의 온도를 높여 준다. 또 다른 허브는 병원균을 죽일 수 있는 항균성의 에센셜 오일도 함유하고 있다. 진저, 툴시, 바질, 타임 등과 같이 사람들이 선호하는 허브는 소화 효소에 적극적으로 반응하여 소화 과정을 촉진시킨다. 따라서 몸이 피곤하여 나른해지는 날의 아침에는 매운맛의 허브티를 마시면서 몸에 활기를 불어넣어 주는 것도 좋다.

포뮬레이션

허브를 다루는 전문가들은 특정한 체질의 사람이나 건강의 균형이 깨진 사람들을 치유하기 위해 '정밀 블렌딩', 즉 포뮬레이션formulation 작업을 통해 다양한 허브티들을 창조한다. 행운이 따를 경우에는 한 종류의 허브로 단번에 원하는 효능을 얻을 수 있지만, 몸의 상태가 복합적이고, 불균형의 상태가 특수한 경우에는 서로 다른 종류의 허브를 포뮬레이션해야 원하는 치유 효능을 얻을 수 있다. 여기에 향미의 균형까지 훌륭하면 사람들은 그 허브티를 높이 평가할 것이다.

정밀한 포뮬레이션 작업에 처음으로 도전하는 신예들을 위해 허브들의 블렌딩 과정을 소개한 글이나 논문, 그와 관련된 대부분의 책에서는 단지 배합 레시피만 간략히 소개하고 있다. 그런데 진정한 허브티 전문가가 되려면 허브를 포뮬레이션하는 기술을 예술적인 경지로 끌어올려 각자 선호하는 맛과 필요에 따라 자신만의 특별한 허브티를 만들어 보아야 할 것이다. 또한 향미를 위한 허브티와 처방을 위한 허브티 사이의 경계를 넘나들면서 포뮬레이션 작업에 나선 사람들은 허브에 관한 자신의 지식에 한계도 느낄 것이다. 이와 같은 배경으로 허브의 사용법을 연구하고 탐구해 나가면 각자 무엇을 더 배워야 할지에 대해 스스로 알게 된다. 정밀한 포뮬레이션을 비롯해 넓은 의미에서의 블렌딩 작업에서는 보통 사람이 먹어도 안전한 허브들만 사용하는데, 이러한 허브들은 약용과 음료용으로 특별히 따로 구분되어 있지는 않다. 다만 약용과 음료용의 허브에 차이점이 있다면, 작용성이 가장 강한 성분의 양(농도)이라고 할 수 있다.

허브티의 세계에 처음 입문하는 사람은 비교적 몸에 안전하고 약효가 약한 허브부터 재료로 사용하여 포뮬레이션 작업에 나서는 것이 바람직하다. 그리고 꾸준한 연습을 통해 경험이 더욱더 축적되면, 복잡한 생리적 불균형과 다양한 허브들의 미묘한 차이점들에 대해서도 잘 알게 될 것이다. 하나의 전문 분야에 대해 시간을 두고 서서히 알아 나가는 일도 우리의 삶에서는 크나큰 즐거움이 아닐 수 없다.

포뮬레이션 피라미드

허브들은 제각기 주요 효능과 향미를 갖고 있지만, 세부적인 특징들에서는 매우 다양한 차이를 보인다. 허브를 약용으로 섞든지, 다른 용도로 섞든지 간에 신뢰할 만한 포뮬레이션 시스템을 갖추고 있으면 새로운 허브티를 만드는 데 큰 도움이 된다. 훈련을 거듭할수록 포뮬레이션은 점점 더 창의적이면서 직관적인 과정이 될 것이다. 그러나 포뮬레이션을 처음 시작하는 대부분의 사람들은 정작 무엇부터 시작해야 할지 잘 모른다. 이때 기본 도표인 허브티 포뮬레이션 피라미드에 의거하면, 정량적이든지, 정성적이든지 간에 자신이 의도한 대로 작업할 수 있다. 포뮬레이션 피라미드의 가장 큰 의의는 재료로 사용하는 각 허브의 메커니즘에 관하여 통찰력을 주고, 허브들의 배합 비율을 이해하는 데에 매우 편리한 방법을 제공한다는 점이다. 그럼으로써 다른 사람이 만든 블렌딩 허브티에 든 각 허브들의 기능을 이해하는 데에도 큰 도움을 주는 것이다.

허브티의 블렌딩을 시작하는 방법에는 두 가지가 있는데, 이 피라미드는 두 방법 모두에 적용할 수 있다. 첫 번째 방법은 허브의 작용(효능)을 염두에 두고 시작하는 것이다. 예를 들면, 소화 기능을 돕는 허브티를 만들 것인지, 또는 인후염을 완화시키는 허브티를 만들 것인지를 선택하는 것이다. 두 번째 방법은 로즈페틀, 생강,

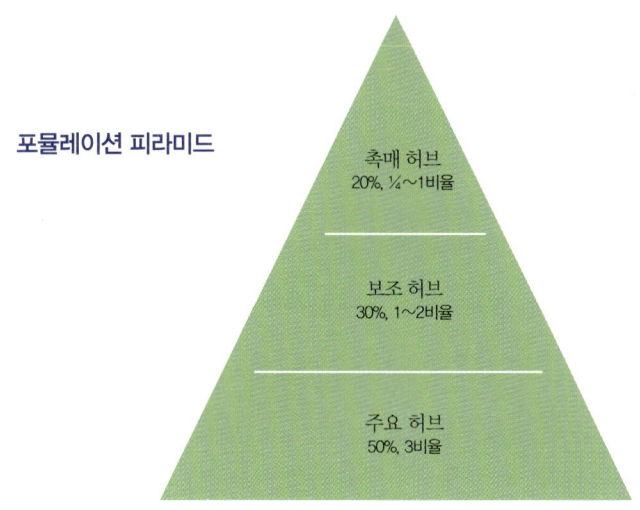

포뮬레이션 피라미드

촉매 허브
20%, ¼~1비율

보조 허브
30%, 1~2비율

주요 허브
50%, 3비율

레몬그라스 등과 같이 자신이 좋아하는 허브들로 블렌딩하여 특정한 향미의 창조를 목적으로 시작하는 것이다.

포뮬레이션 피라미드는 크게 3단으로 구성되어 있다. 맨 아래의 제1단은 허브티에서도 효능과 향미가 가장 두드러진 '주요 허브^{active herb}'가 자리한다. 예를 들면, 소화 기능을 강화하는 허브티를 만든다고 가정해 보자. 이때는 약간 쓴맛이 나면서 간의 기능을 돕는 민들레 뿌리와 같은 재료를 주요 허브로 사용하는 것이다. 중간의 제2단은 영향을 받는 기관계를 부드럽게 지원하는 '보조 허브^{supporting herb}'가 자리한다. 소화 기능을 돕는 보조 허브로는 민트, 펜넬, 마시멜로 뿌리 등이 있다. 가장 위쪽의 제3단은 향을 내거나 주요 허브의 효능을 향상시키기 위해 넣는 '촉매 허브^{catalyst herb}'가 자리한다. 소화를 돕는 허브티에서 촉매 허브로 가장 대표적인 것이 바로 생강이다. 생강 내부의 열이 소화기계를 자극하여 소화 기능을 촉진시킨다.

반면 좋아하는 특정한 허브를 위주로 블렌딩하여 허브티를 만들 경우에는 피라미드를 약간 다른 방식으로 적용해야 한다. 툴시를 재료로 사용해 허브티를 만든다고 가정해 보자. 그러면 제일 먼저 툴시의 맛을 보아야 한다. 툴시를 뜨거운 물에 우려내 고유의 복합적인 향미를 기억한다. 그리고 그 향미를 모두 기록해 목록으로 만든 뒤, 그중 특정한 향미를 강화시킬 수 있는 다른 허브 재료들을 떠올린다. 만약 민트를 넣으면 툴시의 향미 중에서도 바질과 같은 특징을 강화시킬 수 있다. 로즈페탈을 넣으면 툴시의 달콤한 꽃 향을 강화시킬 수 있다. 그리고 상큼한 과일 향의 허브를 넣으면 툴시의 상쾌한 향을 끌어낼 수 있다. 그러나 허브의 특정한 향

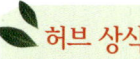
허브 상식

■ 다양한 허브들로 블렌딩할 때의 장점 ■

허브티의 재료로 다양한 종류의 허브들을 사용하면 블렌딩의 선택 폭은 더욱더 넓어진다.

1. 허브티의 주요 효능을 보강한다.
2. 다용도의 토닉 허브^{tonic herb}(자양강장 허브)를 만들 수 있다.
3. 다수의 불균형에도 유연히 대처할 수 있다
4. 향미의 균형이 잘 잡힌 허브티를 창조할 수 있다.

미를 강화시키면 그 허브의 다른 향미는 약화된다는 사실도 알고 있어야 한다. 예를 들면, 감초, 스테비아를 넣으면 매운 후추 향이, 생강을 넣으면 은은하고도 달달한 향이 사라지는 것이다.

서로 다른 허브들을 블렌딩할 때 최종적으로 어떤 결과가 생길지 예측하는 능력을 갖추기까지는 부단한 노력과 훈련이 필요하다. 그리고 허브들을 블렌딩하기에 앞서 각각의 허브들이 지닌 향미의 다양한 스펙트럼을 미리 알고 있으면, 의학적 효능과 향미의 관점에서 특정한 부분을 강화시키거나 약화시키는 일도 쉽게 처리할 수 있다. 또한 자신만의 독특한 허브티를 만드는 데에도 큰 도움이 된다.

허브 재료들을 포뮬레이션 피라미드 방식으로 따르면 블렌딩이 매우 단순하고 편리해진다. 주요 허브의 효능과 향미를 기반으로 보조 및 촉매 허브를 적당히 가해 주요 허브에 균형을 잡고, 향미도 특정한 방향으로 유도할 수 있는 것이다.

자유로운 포뮬레이션

정확한 허브티를 창조하는 과정에서 자신의 경험과 직관을 사용하는 방법을 충분히 익히고 나면, 각 허브 재료들을 포뮬레이션하는 기술들도 점차 개성을 띠게 된다. 이러한 경험은 허브로 만든 블렌드를 판매하고, 그것을 구입한 주위 사람들이 마시면서 어떤 반응을 보이는지 오랜 동안 관찰하면 자연히 습득되는 것이다. 허브티 상품을 농산물 직판장에서 판매할 때 가장 큰 장점은 고객으로부터 직접 의견을 들을 수 있다는 점이다. 그러한 의견들은 새로운 허브티를 창조할 때 곧바로 반영된다.

오늘날 유명 허브티 블렌드 업체에서는 의약적인 효능뿐 아니라 맛과 향도 훌륭한 많은 상품들을 생산하고 있다. 새로운 허브티를 창조하는 사람이라면 항상 훌륭한 향미를 내기 위해 노력하는 자세를 가져야 한다. 새로 만들 허브티에서 약효를 죽이지 않으면서도 훌륭한 향미를 창조해 낸다면, 그 허브티는 누구나 좋아하면서 즐길 것이다. 약사나 허브 전문가들이 허브의 활용적인 측면에서 가장 어려움을 느끼는 지점도 바로 그러한 고객의 수용성 부분이다. 만약 고객이 약으로서 허브티를 좋아하지 않는다면, 허브를 활용한 식이요법을 참고 견뎠던 경험도 아마 없을 것이다.

전문 업체에서도 허브티 블렌드를 처음 개발하는 경우에는 블렌딩 방식에 관한 노하우들이 아직 굳건하지 않아 포뮬레이션 피라미드를 종종 활용한다. 그리고 사람 몸의 다양한 기관들을 보조하는 효능을 지닌 기본적인 허브 세트도 허브의 지식과 사람들의 취향을 바탕으로 만든다.

허브티를 블렌딩하는 전문적인 기술과 자신감을 갖게 되면, 포뮬레이션 피라미드에 의존하는 방식에서 벗어나 점차 다양한 허브티들을 만들 수 있다. 예를 들면, 허브나 향신료를 직접 재배하거나 야생에서 채취하여 계절성이 강한 허브티를 만드는 경우에는 재료들의 배합이 포뮬레이션에 의존하는 방식에서 많이 벗어날 수밖에 없다. 그러한 경험을 토대로 재료로 사용한 허브와 향신료에 대한 이해도도 점차 깊어지는 것이다. 또한 각 재료들의 미묘한 차이를 인식하고, 그 재료들이 사람의 몸에 주는 영향을 예측하며, 서로 다른 허브들을 섞었을 경우에 보이는 상승 효과에 대해서도 폭넓게 이해할 수 있는 것이다. 그동안 오랫동안 사용해 왔던 재료일지라도 재료들 간에 작고도 미묘한 차이를 이해하고 주목하면, 허브티의 블렌딩 기술은 더욱더 발전하는 것이다.

이러한 경지의 블렌딩 기술은 더 이상 쉽고 간단하게 설명할 수 있는 일이 아니다. 왜냐하면 기존의 포뮬레이션 피라미드의 방식에서 많이 벗어나 있기 때문이다. 의약적인 효능이 가장 좋은 허브티를 만들 경우에 특히 고려해야 할 점들은 계

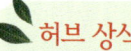 허브 상식

■ **허브티의 선물 가치** ■

허브티의 세계에서는 블렌딩의 가능성이 무궁무진하다. 사람은 나이를 먹으면 고혈압이나 관절염과 같은 성인병에 걸리기 쉽다. 사랑하는 사람이 만성 질환을 앓는 상태에서 그 사람에게 맞는 허브티를 만들어 준다면 인간관계를 더 돈독히 하면서도 건강도 챙겨 줄 수 있는 훌륭한 선물이 된다. 주위의 사랑하는 사람들을 위해 건강 상태와 취향을 고려해 허브티를 창조하여 선물해 보길 권해 본다. 그러면 매우 사려 깊은 마음에 감동을 받아 실로 감사하다는 소리를 들을 것이다. 지역 사회의 사람들 간에는 종종 이러한 세심한 배려와 감동들이 반드시 필요한 것이다.

절성, 향미, 허브 재료의 가용성, 허브티를 마시는 사람과 그들이 처한 상황(특정한 불균형뿐 아니라 보다 구체적인 문제) 등이다. 또한 몸의 급성 증세와 불균형 상태의 원인, 그리고 상처로 인해 파생되는 심리적인 영향 등의 2차적인 불균형도 깊이 고려해야 한다. 이러한 고려 과정은 그 자체만으로도 매우 복잡하다. 그리고 전체적으로 훌륭한 허브티를 만들려면 포뮬레이션 피라미드의 방식에서 벗어나 더 많은 허브 재료들을 다양하게 활용해야 하는 경우도 많다.

계절성 허브티를 만들 경우에는 보통 제철에 나는 허브나 건강 상태의 균형을 효과적으로 잡아 주는 허브를 재료로 사용하면서 다양한 아이디어를 브레인스토밍brainstorming(창조적 집단 사고) 방식으로 도출하기도 한다. 이때에는 각자 자신의 마음을 관조하면서, 허브, 날씨, 당시의 정서, 계절에 대한 다른 사람들의 반응 등을 떠올리며 상호 관계를 그려 보고, 주위에 있는 식물계의 변화뿐만 아니라 사람들 사이의 에너지적인 변화까지도 관찰한다. 기본적으로 자연의 세계를 느낄 뿐 아니라 사람들 사이의 관계도 균형을 유지하는 방향으로 허브티를 창조하려는 것이다.

일반적으로 새로운 허브티는 계절에 맞게 창조하는 경우가 많다. 예를 들면, 봄철에는 알레르기의 증상을 완화하는 허브티를 만들고, 겨울철에는 면역력을 높이는 허브티를 만드는 것이다. 이와 같은 계절성 허브티는 당연히 한줌의 제철 허브로 만드는 경우가 대부분이다.

특정 유형의 스트레스를 완화하는 새로운 허브티를 계절에 맞게 창조하기 위해서는 때를 기다리면서 주위의 세계를 꾸준히 관찰할 줄도 알아야 한다. 자신이 살고 있는 지역 사회와 그곳의 생태학적, 지리적인 조건의 미묘한 변화를 되도록 면밀히 관찰하는 일은 블렌딩을 통해 새로운 허브티를 창조할 때 그 허브의 작용을 정의하는 일과도 깊은 관련이 있다. 주변에서 자라는 허브에 높은 열정과 깊은 관찰력을 지닌 사람이라면 봄여름에 피는 꽃에 마음을 사로잡혀 꽃차를 즉흥적으로 만들어 볼 수도 있다. 또한 겨울철이 되면 허브티에 꽃을 첨가하는 가향 작업을 통해 봄여름의 아름다운 추억들을 불러일으켜 강추위에도 포근한 마음으로 보낼 수 있을 것이다.

그런데 예리한 관찰력을 갖추기까지는 보통 여러 해의 시간이 걸린다. 성격이 매우 급한 사람이라도 허브티를 접하면, 점차 마음에 여유가 생기면서 관찰력을 깊게 기를 수 있다. 허브티 전문가들도 그들이 허브의 세계에 처음 입문하였던 시절을 돌이켜 보면, 주변에 있는 사물들에 관한 관찰력이 아마도 더 깊어졌을 것이다. 왜냐하면 허브티를 창조하는 방식은 허브티를 창조하는 사람이 변해야만 바뀔 수 있기 때문이다. 물론 허브티 전문가들도 초보자 시절에는 포뮬레이션 피라미드에 기초하여 재료들을 블렌딩하였을 것이다. 그러나 훈련을 거듭하여 전문가가 되는 과정에서 그들도 개인의 성향에 따라 각자의 스타일에 맞는 방식으로 허브티를 개발하게 된다. 시장에 매우 다양한 향미의 허브티들이 선보이는 것은 모두 그와 같은 이유 때문이다.

사람들은 각자의 시선으로 세상을 보길 마련인데, 이는 허브와 같은 블렌딩의 재료를 선택하는 경우에서도 마찬가지이다. 허브티를 만드는 사람이 각자 자신의 관점을 관철하고 허브의 의약적인 효능 면에서 우선순위를 매기는 것도 저마다 다르다면, 블렌딩에 사용되는 허브의 종류와 배합 방식은 그야말로 무궁무진하다고 할 수 있다.

울긋불긋한 색상의 허브들로 블렌딩하여 유리잔에 담아 놓은 허브티. 허브의 종류와 목표로 삼은 효능에 따라 블렌딩의 가능성은 무궁무진하다.

PART II
허브티 블렌드의 레시피

자양강장의 효능을 목적으로 블렌딩한 허브티. 주로 뿌리류와 줄기 등이 많이 포함되어 있다.

전체적인 건강을 위한 토닉 허브티

건강과 치유에 관해서는 전체적인 관점에서 볼 때, 자양강장의 효능이 확실히 입증된 허브 블렌딩의 레시피들이 다수를 이룬다. 서구 사회의 허브학에서 토닉tonic은 '단일 허브나 여러 허브들을 혼합한 허브 블렌딩의 효능으로 몸의 원기를 회복시키는 강장 효능'을 이르는 용어이다. 이렇게 원기를 회복시키는 토닉 허브tonic herbs들은 사람의 몸을 구성하는 다중 조직 체계에서 조직 간 힘의 균형을 유지시켜 활력과 에너지, 그리고 균형을 이루는 상태를 총체적으로 향상시킨다. 이러한 효과들은 건강한 세포의 신진대사에 꼭 필요한 여러 종류의 비타민과 미네랄 성분들을 세포 내로 공급해야만 가능하다. 토닉 허브티를 정기적으로 장기간 복용하면 몸을 튼튼히 하고 활력을 유지하여 건강한 생활 방식을 유지할 수 있다.

몸에 활력을 불어넣는 효능을 지닌 토닉 허브들은 가족의 건강을 챙기는 데 사용하는 등 그 용도가 매우 다양하다. 토닉 허브는 의약품이기도 하지만, 사람들이 해양과 대륙을 가로질러 즐겁게 여행하면서 구입하는 기념품이기도 하다. 강황,

 허브 상식

■ 허브의 치료용량은? ■

허브티로 치료 효과를 보려면 생각보다 상당히 많은 양을 마셔야 한다. 예를 들면, 상점에서 티백을 샀다면 최소 4개는 마셔야 치료 효과를 볼 수 있다. 이와 같이 치료에 효과를 보이는 허브(약 포함)의 적정량을 치료용량therapeutic dose이라고 한다. 물론 그 양은 허브에 따라서 다르다.

허브 잎의 경우에 2테이스블스푼을 가득 떠서 우려낸 허브티로 보통 한 사람이 약효를 보려면 적어도 2잔 이상은 마셔야 한다. 그런데 미묘하면서도 그윽한 향이 풍기는 허브티를 좋아한다면 물을 많이 넣어 한 사람이 4잔 정도까지 마실 수 있도록 할 수 있다.

허브티의 치료용량은 사용하는 허브의 양에 따라 결정되지만, 취향에 맞는 향미는 우려내는 데 넣는 물의 양으로 결정한다. 따라서 치료 효과를 더 빨리 경험하고 싶으면, 물이 아니라 허브의 양을 유효하게 늘려야 한다.

우엉, 감초 뿌리, 민들레, 파슬리, 생강 등의 토닉 허브들은 세계 각지의 야생에서 자라면서 널리 분포하고 있다. 따라서 사람들은 지역적 기후 조건에 맞는 최상의 토닉 허브들을 찾기 위해 먼 곳으로 찾아갈 필요가 없다. 자연 속에서 자생하는 토닉 허브들은 오래전부터 우리 주위에 항상 존재해 왔던 것이다.

이러한 토닉 허브들은 효능을 중심으로 볼 때 크게 영양 공급, 활력 충전, 정력 증강의 세 유형으로 나뉜다. 영양을 공급하는 토닉 허브는 비타민과 미네랄 성분들이 풍부하여 근육의 조직과 혈액을 생성시킨다. 활력을 충전시키는 토닉 허브는 몸과 마음, 영혼의 심리적인 균형을 잡아 준다. 또 신경계통에도 작용해 에너지를 비축하고 감정의 회복력을 높여 스트레스에 대한 몸의 저항력을 길러 준다. 그리고 정력을 증강하는 토닉 허브는 '성적인 흥분제'라기보다는 '감각적인 강장제'에 가까워 사람들을 세상과 좀 더 친밀하게 만들어 준다. 긴장을 누그러뜨리고 정신을 고양시키면서 사람들이 세상의 즐거움과 감각적인 아름다움을 충만하게 경험할 수 있도록 도와준다.

이제부터는 허브티들을 유형별로 분류하여 살펴보기로 한다. 그중 일부는 특정한 분류에 국한되지 않고 여러 분류에 동시에 속할 수도 있다. 여기서 소개되는 모든 허브티들은 맛이 좋고 훌륭한 '생활 음료'이다. 수많은 허브티들을 만들어 본 뒤 자신의 몸에 가장 잘 맞는 것을 찾아보길 바란다.

레시피 단위의 미터법 환산

미국 계량 단위(환산 전)	× 곱하기	미터 단위(환산 후)
온스	28.35	그램
티스푼	4.93	밀리미터
테이블스푼	14.79	밀리미터
컵	236.59	밀리미터
컵	0.24	리터
쿼터	946.36	밀리미터
쿼터	0.946	리터

* 미세하게 조정할 수 있는 측정 도구가 없다면, 미국식 단위를 미터법으로 변환할 때 다소 부정확한 결과를 얻을 수 있다. 레시피상의 재료 단위를 미터법으로 환산함에 있어서도 원본과 동일한 비율을 유지해야 한다.

영양을 공급하는 토닉 허브티

영양을 공급하는 토닉 허브티는 우리 몸에 영양을 공급하여 스트레스나 질병으로 인해 약화되거나 축소된 조직들을 회복시킨다. 비타민과 미네랄 성분이 풍부해 수액을 늘리고 혈액과 림프를 생성시킨다. 또한 몸 안에서 활용할 수 있는 미네랄 성분들을 공급함으로써 근육 조직에 영양을 제공하여 근육의 기능을 정상화한다.

영양을 공급하는 토닉 허브를 블렌딩할 경우에 반드시 알아 두어야 할 점은 비타민과 미네랄 성분이 풍부한 허브의 상당수가 단맛과 함께 약간 짠맛이 난다는 사실이다. 단맛의 허브는 몸에서 열을 내리고 긴장을 완화하는 효능이 있다. 따라서 봄과 여름에는 싱싱하고 달달하며 미네랄 성분이 풍부한 허브티를 마시면 무더운 날씨에도 완벽한 기분을 느낄 수 있다. 반면 이러한 토닉 허브를 겨울에 마시면 조직이 이미 무겁고 차가운 상태에 놓여 있기 때문에 몸이 약간 더 차게 느껴질 수 있다. 이러한 허브들이 지닌 몸의 온도를 내리는 효능을 균형 있게 잡아 주려면 몸의 온도를 높이는 생강, 스타아니스star anise(팔각), 시나몬, 고추, 오렌지필과 같은 향신료와 로즈메리, 타임, 세이지와 같은 향이 풍부한 허브를 함께 블렌딩하는 것이 좋다.

©사진. 티블렌딩/한국티소믈리에연구원

스트렝스 *Strength*

원기를 강화하는 허브티

이 토닉 허브티는 봄에 가장 큰 사랑을 받는 허브들로 블렌딩하여 영양성이 매우 풍부하다. 재료로 사용된 허브들은 종종 '회복력'을 상징하여 주위 사람들에게 헌정되기도 한다. 이 토닉 허브티를 마시면 그러한 허브로부터 우리의 몸과 혈액 속으로 영양분들이 공급되면서 몸의 조직은 활기로 가득 찰 것이다.

이른 봄이면 사람들은 새로운 생명이 태동하기를 갈망하고, 기온이 온난해져 봄철 식재료와 식물들이 싹을 틔우기만을 강렬히 고대한다. 네틀, 라즈베리 잎, 페퍼민트는 위험 요소만 없다면 매우 다양하게 활용할 수 있는 좋은 허브들이다. 네틀은 흙 향이 깊고 쓴맛이 약간 난다. 이를 '약간의 비린내가 풍긴다'고 표현하기도 한다. 레드라즈베리^{red raspberry}의 잎은 흙 향과 새콤한 향미를 더해 주어 떫은맛을 누

혼합비/재료

1.5/페퍼민트, 1/네틀 잎, 1/라즈베리 잎, 0.5/펜넬, 0.5/로즈페틀.

침출 방법

- **온침법 :** 허브티 2테이블스푼에 뜨거운 물 1½컵을 부은 뒤 10~15분 정도 우린다.
- **냉침법 :** 뚜껑이 있는 차병에 허브티 1~2테이블스푼을 넣고 차가운 물 2컵을 붓는다. 뚜껑을 닫은 뒤 차병을 흔들어 허브티가 완전히 적셔지도록 한다. 그런 다음에 냉장고나 차가운 곳에서 2시간 정도 보관한다.

향미와 효능

- **맛과 향 :** 풀 향, 아로마 향, 꽃 향, 단맛.
- **허브 작용 :** 영양 공급, 자양강장, 긴장 완화(신경계).
- **효능 :** 여성 생식 기능 강화, 근육 강화, 혈류 개선, 소화 촉진, 신경 안정, 신장 및 간의 기능 개선.

그러뜨린다. 세 허브는 공통적으로 무기염류가 풍부하여 페퍼민트에서 단맛은 높이고 쓴맛과 떫은맛은 누그러뜨린다. 이 토닉 허브티에서 네틀, 라즈베리, 페퍼민트는 미네랄 성분을 충분히 공급하고, 펜넬과 로즈페틀은 향미의 균형을 잘 잡아준다.

페퍼민트 *peppermint*

과명 : 꿀풀과
학명 : 멘타 피페리타 *Mentha piperita*
효능 : 진정, 진경, 위 기능 개선 등

오늘날 스트레스 해소 효능으로 점점 더 인기를 끌고 있는 자양강장 허브티.

▪ 스트레스에 저항력을 높이는 자양강장 허브 ▪

오늘날 전 세계인들이 앓고 있는 비감염성 질병의 주요 원인은 스트레스이다. 사람의 몸은 스트레스를 심하게 받거나 두려운 순간을 경험하면 휴식과 안정을 취해 원기를 회복하려고 한다. 그러나 지난 며칠 또는 몇 주, 몇 달, 급기야 몇 년간 지속적으로 장기간의 스트레스를 받으면 사람의 몸은 만성적인 피로 상태에 놓이는데, 이때 극심한 스트레스를 경험하면 몸의 회복력이 급격히 떨어진다.

자양강장 허브adaptogenic herbs는 그 종류가 광범위하여 매우 다양한 메커니즘을 통해 만성적인 스트레스에 저항력을 높이는 데 큰 도움을 준다. 전체적인 건강과 웰빙적인 삶의 질을 향상시키는 자양강장 허브는 육체적·정서적·환경적·생물학적인 스트레스 요인에 대한 저항력을 높이고 질병을 예방하는 역할을 한다.

또한 중추신경계를 보호하고 회복시키며, 신진대사를 정상화하고 균형을 되찾는 데에 도움을 준다. 그러한 자양강장 허브들 중에는 기운을 가라앉히는 것도 있지만, 기운을 북돋워 주는 것도 있다. 스컬캡skullcap(황금), 펜넬과 같이 진정 효능이 있는 허브와 함께 사용하면 극심한 스트레스를 완화시킬 수 있다.

자양강장 허브로 특별히 분류되는 허브들의 주요 산지는 대부분 러시아, 인도, 중국이다. 이러한 나라에서는 자양강장 허브를 오래전부터 건강을 유지하고 장수를 위한 약재로서 활용해 왔기 때문이다. 가장 대표적인 것으로는 감초, 툴시, 만삼, 진생ginseng(이하 인삼), 엘루세로eleuthero(이하 가시오갈피, 시베리아인삼), 아슈와간다ashwagandha(인도인삼), 황기 등이 있다.

사람의 몸이 스트레스에 반응하는 과정은 평상시의 건강 상태에 따라 달라진다. 만약 사업체를 운영하는 사람이라면 업무적인 고통과 사업의 불확실성을 항상 마주하면서 스트레스를 만성적으로 받을 것이다.

이러한 만성적인 스트레스로 인한 부정적인 효과로부터 몸의 건강을 유지하기 위해 자양강장 허브를 우려내 마시면 큰 효과를 볼 수 있다. 더욱이 수면을 충분히 취하고 운동을 병행하면서 건강한 식습관을 유지하고, 몸의 회복에 꼭 필요한 영양을 섭취하면 스트레스에 대한 저항력을 월등히 높일 수 있다. 이와 같이 자양강장 허브는 몸의 항상성을 유지하는 데 큰 효능이 있지만, 여기에 스트레스 요인을 줄이려는 노력을 더하면 그 효력은 더 커질 것이다.

©사진, 티블렌딩/한국티소믈리에연구원

데일리 미네랄 티 *Daily Mineral Tea*

미네랄을 공급하는 허브티

식물성 음식으로부터 자연 그대로의 비타민과 미네랄 성분들을 충분히 섭취하는 일을 살다 보면 종종 잊어버린다. 이 토닉 허브티는 비타민과 미네랄 성분들이 풍부하여 건강한 생활방식을 유지하는 데 큰 도움이 된다. 그리고 매일 먹는 식단에 엄청난 양의 미량 영양소들도 공급해 줄 것이다. 따라서 이 허브티를 마시면 일일 미네랄 권장 섭취량을 채우기 위해 노력할 필요가 없다. 자연 그대로의 식물을 통째로 섭취함으로써 미네랄 성분들을 정제된 멀티비타민제로 복용하는 형태보다 훨씬 더 효과적으로 섭취할 수 있다.

겨울철에 진하고 따뜻한 허브티를 매일 같이 우려내 마시고, 여름철에는 진하고 차가운 허브티를 차병에 담아 출근길에 일상으로 마신다면 몸의 건강을 유지하는

혼합비/재료

3/호로파 씨(fenugreek seeds), 2/귀리 짚, 2/밀키오트 잎(milky oat tops),

2/고지베리(goji berries)(구기자 열매), 2/민트, 1/알팔파, 1/네틀 잎, 1/가시오갈피,

1/아니스 씨(anise seeds), 0.5/사플라워(safflower)(홍화),

0.25/레드클로브 꽃(red clover blossoms).

침출 방법

• **온침법** : 허브티 2테이블스푼에 뜨거운 물 1½컵을 부은 뒤 10~15분 정도 우린다.

• **냉침법** : 뚜껑이 있는 차병에 허브티 1~2테이블스푼을 넣고 차가운 물 2컵을 부은
　　　　　 뒤 허브티가 완전히 적셔질 때까지 흔들어 준다. 그런 다음 냉장고나 차가
　　　　　 운 곳에서 2시간 이상 보관한다.

향미와 효능

• **향미** : 단맛, 풀 향, 아니스와 민트에서 풍기는 향긋한 향.

• **허브 작용** : 영양 공급, 원기 회복.

• **효능** : 근육 강화, 신경 안정.

데 큰 도움이 된다. 여기서 소개하는 토닉 허브티는 선티로도 만들 수 있고, 냉장고
에서 차가운 상태로 보관하면 일주일 내내 마실 수 있다.

레드클로버 꽃 *red clover blossoms*

과명 : 콩과

학명 : 트리폴리움 프라텐세 *Trifolium pratense*

효능 : 에스트로겐 분비 증가, 심장계 강화 등

©사진, 티블렌딩/한국티소믈리에연구원

레스피트 너바인 티 *Respite Nervine Tea*

신경 안정 효능의 허브티

　미네랄 성분이 풍부한 이 허브티는 신경을 안정시키는 효능이 있다. 바쁜 일상 속에서 기력이 없거나 스트레스를 심하게 받는 날이면 더욱더 큰 효과를 볼 수 있다. 이 허브티에 사용되는 허브들은 신경계에 영양분을 공급하고, 뼈와 혈액, 근육을 튼튼히 한다. 몸의 온도를 내리는 효능이 있어, 만약 몸에 한기가 있으면 신선한 생강을 갈아 넣거나 시나몬을 넣어 마시면 더 좋다.

　기본 레시피는 '스트렝스 티'와 비슷하다(82페이지 참조). 다른 점이 있다면 거기에 약간 쓴맛을 지닌 허브인 캐모마일, 황금, 캐트닙catnip(개박하)을 추가하고, 그 쓴맛의 강도를 감초 뿌리로 조절하였다는 점이다. 허브티 블렌딩의 관점에서는 강한 향미를 경험하고 평가해 볼 수 있는 좋은 기회이다. 쓴맛의 허브에는 그 쓴맛이 극도로

혼합비/재료

1.5/아니스 씨앗이나 펜넬, **1.5**/민트, **1**/네틀 잎, **1**/캐모마일,
1/로즈페틀(또는 라벤더 꽃 0.25), **1**/황금, **0.5**/라즈베리 잎,
0.5/캐트닙(개박하), **0.25**/감초 뿌리(또는 1컵에 꿀 1스푼 가득).

침출 방법

• **온침법** : 허브티 2테이블스푼에 뜨거운 물 1½컵을 부은 뒤 10~15분 정도 우린다.
• **냉침법** : 뚜껑이 있는 차병에 허브티 2테이블스푼을 넣고 차가운 물 2컵을 부은 뒤
　　　　　완전히 젖을 때까지 흔들어 준다. 그런 다음에 냉장고나 차가운 곳에서 2
　　　　　시간 이상 보관한다.

향미와 효능

• **맛과 향** : 부드러운 맛, 쓴맛과 단맛이 조화를 이룬 구수한 맛.
• **허브 작용** : 신경계 진정, 원기 회복.
• **효능** : 심신 안정, 근육 강화.

강한 것이 있고, 단맛의 허브에도 그 단맛이 극도로 강한 것이 있다. 일반적으로 약
용 허브는 요리용 허브보다도 미각에 대한 이해도가 훨씬 더 부족하다. 요리용 허
브는 식감을 부드럽게 하고 즐거움을 선사하는 데 비해, 약용 허브는 전혀 그렇지
못해 자주 사용하지 않기 때문이다. 토닉 허브들을 정확하게 배합하는, 즉 포뮬레
이션 작업을 진행하는 사람이라면 허브들을 다양하게 사용할 때 그 쓴맛과 단맛
등의 세기를 조절하는 방법도 반드시 익혀야 한다.

민트 *Mint*

과명 : 꿀풀과
학명 : 멘타 아르베니스 *Mentha arvensis* L.
효능 : 해열, 소염, 건위, 쓸개즙 분비 촉진 등

다양한 허브들을 블렌딩하여 우려낸 허브티의 모습.

Herb Spotlight

금잔화(Calendula)

학명 : *Calendula officinalis*
분류 : 초롱꽃목 국화과의 여러해살이풀
원산지 : 남유럽

정원에 핀 밝고 노란 색상의 금잔화를 차분히 보고 있으면 마음을 쉽게 빼앗긴다. 금잔화가 들판에 가득 피어난 모습은 넋을 잃게 만들 정도로 아름다운 풍광이다. 그러한 들판에서 일주일에 며칠씩 금잔화를 수확하는 일은 환상적인 경험이 아닐 수 없다. 금잔화는 자생력이 좋아 꽃을 꺾은 뒤 이틀만 지나도 곧이어 꽃봉오리가 새롭게 봉긋 솟아나온다.

금잔화의 그러한 점과 자연적인 속성은 그야말로 고무적인 일이 아닐 수 없는데, 특히 상처와 피부의 염증을 가라앉히고 치료하는 효능은 월등하다. 몸 안에 발한 작용을 일으켜 땀의 분비를 촉진해 염증의 치료 속도도 높인다. 또 땀샘을 지속적으로 부풀려 림프계의 순환이 좋지 않은 사람들에게는 매우 좋은 효능이 있다.

©사진, 티블렌딩/한국티소믈리에연구원

레스피트(민트 없음) *Respite*

스트레스 해소를 위한 허브티

이 토닉 허브티는 '레시피트 너바인 티'(88페이지 참조)와 비슷하지만 민트를 사용하지 않는 것이 다른 점이다. 여느 다른 토닉 허브티와 마찬가지로 기분 좋은 맛과 향을 선사하면서 일반적으로 건강에도 좋다.

약간의 진정 효능도 있어 스트레스를 받거나 기력이 없을 때에 마시면 더욱더 좋은 효과를 볼 수 있다. 이 토닉 허브티에 단맛을 더해 주려면 1컵당 꿀 1티스푼을 넣으면 된다.

레시피 | Recipe

혼합비/재료

1/밀키오트 잎, 1/귀리 짚, 1/네틀 잎, 1/생강, 1/로즈 힙,
0.5/캐모마일, 0.5/레몬그라스, 0.25/로즈메리.

침출 방법

- **온침법 :** 허브티 2테이블스푼에 뜨거운 물 1½컵을 부은 뒤 10~15분 정도 우린다.
- **냉침법 :** 뚜껑이 있는 차병에 허브티 1~2테이블스푼을 넣고 차가운 물 2컵을 부은
  뒤 허브티가 완전히 적셔질 때까지 흔들어 준다. 그런 다음에 냉장고나 차
  가운 곳에서 2시간 이상 보관한다.

향미와 효능

- **맛과 향 :** 흙 향, 단맛, 매운맛.
- **허브 작용 :** 자양강장, 신경 안정.
- **효능 :** 일반적인 자양강장.

로즈메리 *rosemary*

과명 : 꿀풀과
학명 : 로스마리누스 오피키날리스 *Rosmarinus officinalis*
효능 : 항산화, 소화 기능 개선, 혈액 순환 촉진

©사진, 티블렌딩/한국티소믈리에연구원

드림 *Dream*

수면을 유도하는 허브티

레시피가 매우 간단하지만, 긴장을 완화하고 수면을 유도하는 효능이 매우 큰 토닉 허브티이다. 가장 큰 장점은 누구나 뒤뜰에서 손쉽게 키울 수 있는 허브로 만들 수 있다는 것이다. 여기에 사용된 토닉 허브들은 모두 순하고 긴장된 마음을 가라앉히는 효능이 있어 근육의 긴장을 포함해 몸을 전반적으로도 이완시켜 준다. 이 토닉 허브티를 마시는 사람은 온몸이 곧 나른해지면서 깊은 잠에 들 수 있다. 스트레스가 심한 날에 이 허브티는 권장할 만하다. 특히 아이들이 밤에 잠자리에 들 때 마시면 좋은 효과를 볼 수 있다.

혼합비/재료

1.25/저먼 캐모마일, 1/캐트닙(개박하), 1/황금, 1/민트,

0.375/감초 뿌리, 0.25/홉스.

* 홉스(hops) : 홉(hop)의 암꽃을 말린 것. 맥주 제조의 주원료이다.

침출 방법

• **온침법** : 허브티 2테이블스푼에 뜨거운 물 1½컵을 부은 뒤 10~15분 정도 우린다.

• **냉침법** : 뚜껑이 있는 차병에 허브티 1~2테이블스푼을 넣고 차가운 물 2컵을 부은
뒤 완전히 적셔질 때까지 흔들어 준다. 그런 다음에 냉장고나 차가운 곳에
서 2시간 이상 보관한다.

향미와 효능

• **맛과 향** : 흙 향, 쓰고도 단맛, 민트 향.

• **허브 작용** : 신경 안정, 원기 회복.

• **효능** : 심신 안정, 근육 이완.

저먼 캐모마일 *German chamomile*

과명 : 국화과

학명 : 마트리카리아 카모밀라 *Matricaria chamomilla*

효능 : 진정 및 진경, 항염, 위 기능 개선 등

©사진, 티블렌딩/한국티소믈리에연구원

글로 : 뷰티 티 *Glow : Beauty Tea*

디톡스와 미백을 위한 티

이 토닉 허브티는 가장 기본적인 '디톡스 티^{detox tea}'로 간과 신장의 기능을 촉진하는 효능이 있다. 일반적으로 간과 신장이 건강한 사람들은 피부에 윤기가 돌고 활기가 넘친다.

민들레와 우엉의 뿌리는 성질이 매우 순하면서도 간과 신장에 영양을 공급한다. 또 이 두 허브를 규칙적으로 복용하면 다이어트에도 매우 효과적이다. 우엉은 몸 안의 독성 성분을 배출하는 효능이 있어 몸에 활기를 북돋는 '견인차'의 역할을 할 뿐 아니라 장내 세균에도 유익하다. 식품으로서는 스튜나 스프 등으로 조리해 먹을 수도 있다.

민들레는 주위 환경에서 쉽게 찾아볼 수 있는 허브이다. 대부분의 일반 사람들은 그 질긴 자생력으로 인해 민들레를 매우 성가신 식물이나 잡초로 생각하기도 한다. 그러나 이 민들레는 섭취할 경우에 사람의 몸에서 매우 경이로운 효능을 보인다. 민들레 뿌리를 건조시켜 허브티로 우려내 마시면 혈압과 혈중 콜레스테롤의 수치를 낮추고 혈당을 정상화하는 효능이 있다. 또한 간 기능을 개선하는 직접적

레시피 | Recipe

혼합비/재료

1/민들레 뿌리, 1/우엉 뿌리, 0.5/네틀 잎,
0.25/감초 뿌리, 0.15/금잔화 꽃.

침출 방법

• **달이기** : 뚜껑이 있는 냄비에 차가운 물 3컵을 붓고 허브티 3테이블스푼을 넣은 뒤
천천히 가열한다. 끓기 시작하면 약한 불에 20분 이상 서서히 끓인다. 이
렇게 달인 허브티를 체로 받쳐 한 번 걸러 내면 곧 완성이다.

향미와 효능

• **맛과 향** : 흙 향, 쓰고도 단맛.
• **허브 작용** : 해독 작용, 강장 작용.
• **효능** : 간, 신장, 피부, 내분비계의 기능 증진.

인 효능도 있는데, 특유의 쓴맛은 쓸개즙의 생성을 유도한다.

네틀은 영양성이 매우 풍부한 허브이다. 봄철에 야생에서 자란 네틀은 천연 항
히스타민제로서 화분 알레르기의 반응을 줄여 준다. 또한 비타민, 미네랄, 단백질,
엽록소 등을 다량으로 함유하고 있어, 미네랄 성분을 보충하는 토닉 허브티를 만
들 때의 재료로도 매우 적합하다. 그 밖에도 신장을 튼튼히 하고, '글로 티'와 같은
디톡스 티에 영양을 공급하는 역할도 한다.

금잔화 *calendula*

과명 : 국화과
학명 : 칼렌둘라 오피키날리스 *Calendula officinalis*
효능 : 항진균, 염증 완화, 쓸개즙 분비 촉진, 소화기계 개선

©사진, 티블렌딩/한국티소믈리에연구원

다이제스티브 토닉 *Digestive Tonic*

소화를 촉진하는 허브티

식사를 마친 뒤에 이 토닉 허브티를 마시면 소화계 내 균형을 잡아 주어서 배탈이 나지 않게 한다. 소화를 촉진하는 이 토닉 허브티는 기본적으로 매일 같이 마셔도 되는 일상 음료이며, 더욱이 인근에서 쉽게 구할 수 있는 허브를 재료로 사용할 수 있다는 좋은 장점도 있다. 소화를 촉진하는 일은 하루하루 건강한 삶을 사는 데 매우 중요한 요소이다. 소화기계가 건강하면 장기적으로 다양한 질병들을 예방할 수 있기 때문이다.

간헐적 또는 만성적으로 역류성 식도염을 앓고 있다면 마시멜로 뿌리를 반드시 넣어 보길 바란다. 마시멜로 뿌리는 특유의 달콤하고도 두터운 식감을 갖고 있는 점액질 허브로 목과 위를 식혀 주고 붓기를 가라앉히는 효능이 있다. 또 위산의 역

혼합비/재료

3/민들레 뿌리, 1/펜넬, 1/생강, 1/페퍼민트, 1/스피어민트.

침출 방법

- **온침법** : 허브티 2테이블스푼에 뜨거운 물 1½컵을 부은 뒤 10~15분 정도 우린다.
- **냉침법** : 뚜껑이 있는 차병에 허브티 1~2테이블스푼을 넣고 차가운 물 2컵을 부은 뒤 허브티가 완전히 적셔질 때까지 흔든다. 그런 다음 냉장고나 차가운 곳에서 2시간 이상 둔다.

향미와 효능

- **맛과 향** : 단맛, 매운맛, 민트 향.
- **허브 작용** : 장 내 가스 제거, 간 기능 촉진, 소화 기능의 촉진.
- **효능** : 소화 촉진, 간 건강의 개선.

부가 재료(선택 사항)

캐모마일은 소화를 촉진하는 효능이 있어 저녁에 마시면 특히 효과가 좋다. 흥분된 신경을 안정시키고 소화기계의 기능을 돕는다. 캐모마일의 혼합 비율은 0.5 정도면 충분하다. 여기에 미끌미끌한 식감의 느릅나무나 머시멜로 뿌리를 첨가하면 목과 위, 그리고 장내의 염증을 가라앉히는 효능은 더욱더 증가된다.

류를 완화하여 역류성 식도염을 앓는 사람들에는 큰 효능이 있다.

민들레 뿌리는 쓴맛이 있어 쓸개즙의 생성을 촉진시키고 간 기능도 개선시킨다. 생강은 서양에서 고대 그리스·로마 시대부터 지금까지 사용되고 있을 정도로 매우 중요하게 여기는 허브로서 그 효능도 매우 강력하다. 소화기계를 따뜻하게 유지해 복통과 가스로 헛배가 부르는 고장(鼓腸), 메스꺼움, 체증 등을 완화시키는 효능이 있다. 이 민들레 뿌리와 생강은 모두 소화기계의 기능을 촉진하여 위에서 음식물을 분해하고 소화시키는 데 큰 도움을 준다. 이렇게 음식이 빨리, 그리고 충분히 소화되면 영양분이 빨리 조직 세포에 흡수될 수 있는 것이다. 이때 소화 과정이 왕성하고 건강하게 이루어지면 배설물도 빨리 배출된다. 사람이 음식물을 섭취한 뒤 배설하기까지 걸리는 평균적인 시간은 18~24시간이다. 또한 펜넬은 소화기계에 과도하게 들어 차 있는 가스를 흡수해 배출하고, 긴장을 해소하면서 근육을 이완시키는 효능이 있다. 조직 내 염증을 가라앉히고 살짝 단맛을 내어 감초와도 비슷한 맛을 낸다. 이 밖에도 민트(스피어민트, 페퍼민트)는 식사를 한 뒤에 마시면 상쾌하고 시원한 청량감을 주면서 몸과 마음을 안정시킨다.

민들레 뿌리 *dandelion root*

과명 : 국화과
학명 : 타락사쿰 오피키날레 *Taraxacum officinale*
효능 : 쓸개즙 분비, 이뇨, 간 기능 개선

🌿 허브 상식

■ 스트레스와 소화 ■

　바쁜 일상을 살아가는 사람들은 과도한 업무와 극심한 스트레스로 인해 소화 불량을 자주 겪게 된다. 특히 주기적으로 과도한 스트레스의 상태에 놓이거나 신경 불안을 자주 호소하는 사람들은 특히나 예민하여 소화 불량 증상에 곧잘 시달린다. 소화기계가 효과적으로 기능하려면 상당량의 혈액이 필요한데, 스트레스가 혈액의 순환을 저해하기 때문에 그와 같은 증상을 겪는 것이다. 업무 중이거나 스트레스를 받는 동안에 음식물을 먹으면 혈액의 순환이 원활하지 못해 소화기계는 정상적으로 작용하지 못한다. 따라서 음식물을 섭취한 뒤에는 몸과 뇌를 최대한 편안한 상태로 유지해 소화에 필요한 에너지를 공급하는 일이 무엇보다도 중요하다. 식후 30분만이라도 휴식을 취하는 것은 건강에도 매우 좋은 습관이다. 그런데 일에 쫓기는 대부분의 사람들은 식후에 휴식을 오랫동안 취할 수 없는 것이 현실이다. 이와 같은 현실 속에서 식사를 한 뒤에 소화기계의 기능을 촉진시키는 허브티를 자주 마신다면 스트레스가 잦은 상황에서도 건강을 유지하는 데에 큰 도움이 된다.

민들레(Dandelion)

학명 : *Taraxacum officinale*
분류 : 초롱꽃목 국화과의 여러해살이풀
원산지 : 한국

　민들레는 사람의 발길이 닿는 거의 대부분의 장소에서 볼 수 있다. 민들레의 놀라운 점은 자연 생태계에서뿐만 아니라 사람의 몸 안에서도 독성 성분을 효과적으로 제거한다는 것이다. 대부분의 식물 종은 오염된 땅이나 생태계가 극도로 교란된 지역에서는 스트레스를 받아 생존하기 어렵다. 그런데 민들레는 그러한 면에서 볼 때 최전선에 놓여 있다고 할 수 있다. 민들레는 뿌리가 곧게 뻗어나간다. 그 과정에서 토양의 성질은 느슨해지고 공기가 공급되면서 균류와 식물이 자라기에 좋은 환경이 조성된다. 민들레는 또한 윤기가 없는 거친 토양에서도 매우 잘 자라고, 특히 오염된 땅에서는 독성 물질을 흡수하여 신진 대사 활동을 통해 다른 물질로 변환시키는 등 토양도 정화해 준다.

　민들레는 토양을 정화하는 작용과 마찬가지로 몸속에서도 디톡스 작용이 뛰어나다. 녹색의 잎은 샐러드에 곁들이거나 허브티에 넣어 먹기도 하는데, 이뇨 작용을 촉진하고 쓸개즙의 생성을 유도하는 효능도 있다. 그 녹색 잎에는 비타민 A, B, C, D를 비롯하여 철분, 아연, 칼륨 등의 미네랄 성분들이 다량으로 함유되어 있기 때문이다. 그리고 뿌리는 그 약리적인 효능으로 인해 인류가 수천 년 동안 약초로 사용해 왔다. 특히 간과 쓸개의 기능을 개선하고, 몸에서 영양분을 흡수시키고 독성 성분도 제거하는 효능도 있다.

　민들레가 자연 생태계에서뿐 아니라 사람의 몸속에서도 균형을 회복시키는 그 효능은 그야말로 놀라울 정도이다. 그런 면에서 민들레는 약효를 생각하면서 허브티를 창조하는 사람들에게는 매우 큰 자산인 셈이다.

©사진, 티블렌딩/한국티소믈리에연구원

비타민 C 티 *Vitamin C Tea*

비타민 C를 공급하는 허브티

비타민과 항산화 성분이 다량으로 든 이 토닉 허브티는 과일을 기본으로 블렌딩한 것이다. 건과일을 사용하여 맛이 환상적으로 달콤한 허브티인데, 단맛을 좋아하는 사람에게 특히 권장할 만하다. 이 허브티는 향미가 좋을 뿐 아니라 영양분도 풍부히 함유하고 있다.

레시피 | Recipe

혼합비/재료

2/로즈힙, 2/히비스커스, 2/건베리류, 1/레몬그라스,

1/린든, 1/백차(선택 사항), 0.75/시나몬(cinnamon).

침출 방법

- **온침법** : 허브티 2테이블스푼에 뜨거운 물 1½컵을 부은 뒤 10~15분 정도 우려낸다.
- **냉침법** : 뚜껑이 있는 차병에 허브티 1~2테이블스푼을 넣고 차가운 물 2컵을 부은 뒤 허브티가 완전히 적셔질 때까지 흔들어 준다. 그런 다음에 냉장고에 넣거나 차가운 곳에서 2시간 이상 보관한다.

향미와 효능

- **맛과 향** : 과일 향, 시트러스 향.
- **허브 작용** : 비타민 및 항산화 성분 제공.
- **효능** : 전반적인 자양 강장, 영양 공급.

로즈힙 *rose hip*

과명 : 장미과

학명 : 로사 카니나 *Rosa canina*

효능 : 원기 회복, 항균, 비타민 C 공급, 미백 등

©사진, 티블렌딩/한국티소믈리에연구원

진저레이드 *Gingerade*

면역력을 증강하고 소화를 촉진하는 허브티

면역력과 소화 기능을 강화하기 위해 생강을 사용하고 싶으면 이 토닉 허브티를 반드시 블렌딩해 보길 바란다. 이 토닉 허브티에는 매운맛의 생강뿐 아니라, 밀키오트, 펜넬, 허니부시 등의 영양분이 풍부하고 맛도 달콤한 허브들이 가득 들어 있다. '회상의 허브'로 잘 알려진 로즈메리는 정신력과 기억력의 회복을 돕는다. 시트러스 계열의 미묘한 향을 지닌 레몬그라스는 마음을 밝게 하고 기분을 들뜨게 한다. 이 토닉 허브티에 생과일이나 건과일을 넣으면 달콤한 맛과 신맛을 함께 느낄 수 있다. 특히 엘더베리^{elderberry}를 넣으면 약간의 단맛이 나고 항산화 성분들도 공급하면서 면역계를 강화한다.

혼합비/재료

3/밀키오트, 2/생강, 2/허니부시, 1/레몬그라스, 1/로즈힙,

1/펜넬, 1/건베리류(엘더베리, 블랙베리, 블루베리 등),

0.5/로즈메리, 1/레몬 에센셜 오일 또는 신선한 오렌지필.

침출 방법

- **온침법** : 허브티 2테이블스푼에 뜨거운 물 1½컵을 부은 뒤 10~15분 정도 우린다.
- **냉침법** : 뚜껑이 있는 차병에 허브티 1~2테이블스푼을 넣고 차가운 물 2컵을 부은 뒤 허브티가 완전히 적셔질 때까지 흔들어 준다. 그런 다음에 냉장고나 차가운 곳에서 2시간 이상 보관한다.

향미와 효능

- **맛과 향** : 단맛, 매운맛, 과일 향.
- **허브 작용** : 소화 기능 개선, 풍부한 미네랄 공급.
- **효능** : 소화 촉진, 일반적인 자양강장.

생강 *ginger*

과명 : 생강과

학명 : 진기베르 오피키날리에 *Zingiber officinalie*

효능 : 진통, 살균, 식욕 증진, 소화 촉진 등

©사진. 티블렌딩/한국티소믈리에연구원

바이털 티 *Vital Tea*

활기를 불어넣는 허브티

활력을 불어넣기 위해 마시면 좋은 이 토닉 허브티는 앞서 언급한 '진저레이드'
와 레시피가 비슷하지만 시나몬과 오렌지필이 추가로 들어 있어 몸에 열을 내게
하는 효능이 있다. 춥고 몸이 아픈 날의 아침에 마시면 큰 효능을 볼 수 있고, 우울
한 날에는 정신을 고양시켜 준다. 디카페인 블렌딩이지만 몸을 따뜻하게 하고, 에
너지를 불어넣어 주어 활동성을 높여 준다.

레시피 | Recipe

혼합비/재료

2/허니부시, 2/생강, 2/밀키오트 잎, 1.5/레몬그라스,

1.5/로즈힙, 0.5/오렌지필, 0.5/로즈메리,

0.5/시나몬.

침출 방법

- **온침법** : 허브티 2테이블스푼에 뜨거운 물 1½컵을 부은 뒤 10~15분 정도 우린다.
- **냉침법** : 뚜껑이 있는 차병에 허브티 1~2테이블스푼을 넣고 차가운 물 2컵을 부은 뒤 허브티가 완전히 적셔질 때까지 흔들어 준다. 그런 다음에 냉장고나 차가운 곳에서 2시간 이상 보관한다.

향미와 효능

- **맛과 향** : 매운맛, 과일 향, 시트러스 향.
- **허브 작용** : 영양 공급, 소화 촉진, 원기 회복.
- **효능** : 일반적인 자양 강장.

오렌지필 *orange peel*

과명 : 운향과
학명 : 키트루스 시넨시스 *Citrus sinensis*
효능 : 소화 촉진, 진정, 식욕 증진 등

인덜즈 *Indulge*

심신을 안정시키는 허브티

여름의 싱그러운 신록을 놀라울 정도로 잘 반영한 토닉 허브티이다. 재료에 사용된 허브들은 계절적 순환의 끝자락에 이른 약용 식물들로서 아름다움과 단맛이 최고조에 이른 것들이다. 과일과 꽃들이 가득 들어 있어 꽃 향이 풍기고 단맛이 나서 몸과 마음을 안정시킨다. 일반 가정에서 이 토닉 허브티를 블렌딩할 경우에는 건베리류를 믹서로 갈아서 넣어도 좋다. 영양적인 면에서 볼 때 가장 훌륭한 배합은 아니지만, 비타민과 항산화 성분들이 다량으로 함유되어 있다. 여러 종류의 과일들이 블렌딩되어 향미가 복합적이지만 매우 산뜻하고 우아하다. 영양을 공급하는 토닉 허브티 중에서도 초본식물의 잎들로만 가득 한 유형에서 잠시 벗어나 다른 것을 즐기고 싶은 경우에 권할 수 있는 좋은 허브티이다.

혼합비/재료

4/허니부시 또는 루이보스, 4/로즈힙, 4/건베리류(엘더베리, 건포도, 블랙베리),
3/로즈페틀, 2/밀키오트 잎, 1/금잔화 꽃, 1/라벤더 꽃,
1/레몬그라스, 0.5/캐모마일.

침출 방법

• **온침법** : 허브티 2테이블스푼에 뜨거운 물 1½컵을 부은 뒤 10~15분 정도 우린다.
• **냉침법** : 뚜껑이 있는 차병에 허브티 1~2테이블스푼을 넣고 차가운 물 2컵을 부은
뒤 허브티가 완전히 적셔질 때까지 흔들어 준다. 그런 다음 냉장고나 차가
운 곳에서 2시간 이상 보관한다.

향미와 효능

• **맛과 향** : 단맛, 약간 신맛, 섬세한 장미 향, 라벤더 향, 레몬그라스 향.
• **허브 작용** : 영양 공급, 신경 안정.
• **효능** : 일반적인 자양 강장.

로즈페틀 *rose petal*

과명 : 장미과
학명 : 로사 켄티폴리아 *Rosa centifolia*
효능 : 진정, 변비 개선, 수렴 작용 등

밀키오트 잎, 생강, 허니부시 등으로 블렌딩된 허브티를 우린 모습.

활력을 충전하는 토닉 허브티

　몸과 마음에서 청춘을 유지하고 싶은 욕구로 오늘날에는 수많은 사람들이 허브를 찾고 있다. 허브의 순하면서도 원기를 회복시키는 효능은 사람의 몸과 마음에 활력을 되찾아준다. 활력을 충전하는 토닉 허브티는 규칙적인 운동과 영양분의 충분한 공급, 그리고 스트레스와 근심을 줄이는 기타 습관 등의 건강한 생활 방식을 유지하는 데 좋은 영향을 준다. 몸과 마음이 회복되면 풍부하고도 매우 다양한 감정을 느껴 볼 수도 있고, 생활에서도 깊은 성찰과 즐거운 창의성을 키울 수 있다.

　활력을 충전하는 토닉 허브티에 사용되는 대부분의 허브들은 기운을 회복시키고 면역력을 높이는 효능이 있다. 이러한 허브들은 장기의 기능이 쇠퇴하는 것을 예방하여 장수에 도움이 되는 식물로 알려져 있다. 또한 이 토닉 허브티는 기본적으로 스트레스에 대한 저항력을 높여 준다. 블렌딩에 따라서는 기관계의 기능을 개선하거나 몸의 전체적인 균형을 바로잡는 데에도 활용될 수 있다. 그리고 허브의 선택에 따라서는 몸에서 열을 올리거나 내리게 사용될 수도 있다.

©사진, 티블렌딩/한국티소믈리에연구원

밸런스 *Balance*

건강의 균형을 잡아 주는 허브티

건강 상태의 균형을 유지하고 기관을 보호하는 효능이 있는 툴시 허브를 중심으로 한 토닉 허브티이다. 사람은 장기간에 걸쳐 스트레스와 피로가 누적되면 감정의 기복이 심하고 건망증도 심화되어 마음이 복잡해진다. 툴시는 신경계 내에 기운을 북돋워 균형을 찾아주는 효능이 있어 스트레스를 겪거나 겪은 뒤에도 정신력을 강화해 준다. 고투콜라Gotu kola는 사람의 정신을 맑게 하면서 두뇌 활동을 촉진시킨다. 이 토닉 허브티는 그 밖에도 민트, 로즈페틀, 시나몬, 카르다몸cardamom을 재료로 사용해 맛이 좋고 효능도 매우 다양하다.

혼합비/재료

3/툴시, 1/페퍼민트, 1/시나몬, 1/카르다몸,
0.5/로즈페틀, 0.5/고투콜라.

침출 방법

- **온침법 :** 허브티 2테이블스푼에 뜨거운 물 1½컵을 부은 뒤 10~15분 정도 우린다.
- **냉침법 :** 뚜껑이 있는 차병에 허브티 1~2테이블스푼을 넣고 차가운 물 2컵을 부운 뒤 허브티가 완전히 적셔질 때까지 흔들어 준다. 그런 다음에 냉장고나 차가운 곳에서 2시간 이상 보관한다.

향미와 효능

- **맛과 향 :** 매운맛, 민트 향.
- **허브 작용 :** 자양강장, 신진대사의 정상화.
- **효능 :** 신경 안정, 소화 촉진, 면역력 증진.

카르다몸 *cardamom*

과명 : 생강과
학명 : 엘렛타리아 카르다모뭄 *Elettaria cardamomum*
효능 : 식욕 증진, 소화 촉진, 점액 분비 촉진 등

페퍼민트, 고투콜라, 로즈페틀 등 다양한 허브들로 블렌딩한 허브티.

Herb Spotlight

툴시(Tulsi)

학명 : *Ocimum tenuiflorum*
분류 : 꿀풀목 꿀풀과의 여러해살이풀
원산지 : 동남아시아

홀리바질(holy basil)이라고도 하는 이 식물은 고대 인도 의학인 아유르베다(Ayurveda)에서 '허브의 여왕'으로도 평가된다. 툴시는 전통적으로 인도, 동남아시아, 중국의 일부 지역에서 자생하며, 바나(vana), 크리슈냐(krishna), 라마(rama) 세 종류의 품종이 있다. 이 세 품종은 모두 의약용으로 사용되며, 톡 쏘는 듯한 맛이 나고 일반 요리용 허브보다도 아로마 향이 더 강하다. 힌두교의 신, 비슈누(Vishnu)가 툴시를 매우 신성한 약초로 간주하는 것으로 믿기 때문에 힌두교도들도 개인의 건강과 영적인 정화, 그리고 공동체의 번영을 위해 기도할 때는 툴시를 사용한다. 임상실험을 통해 밝혀진 내용에 따르면, 툴시는 뇌의 혈액 순환과 기억력을 개선하고, 혼미한 정신을 맑게 하며, 스트레스, 불안, 우울증, 갱년기의 증상을 완화하는 데 큰 효능이 있다고 한다.

©사진, 티블렌딩/한국티소믈리에연구원

싱크 *Think*

뇌에 에너지를 공급하는 허브티

　뇌에 에너지를 공급하는 토닉 허브티이다. 재료로 사용되는 툴시와 고투콜라는 뇌의 활동을 촉진하고, 녹차는 몸에 활기를 불어넣어 집중력과 인내력을 높인다. 레몬그라스는 향긋한 향으로 정신을 환기시킨다.

　뇌에 에너지를 공급하는 이 토닉 허브티는 오늘날 현대를 살아가는 사람들에게도 인기가 매우 높다. 사용된 허브들은 산뜻하면서도 신선한 맛과 향으로 행복감을 안겨 주고 스트레스를 줄여 주기 때문이다. 특히 17세기부터 중국 저장성浙江省에서 생산되어 온 녹차인 건파우더Gunpowder는 다른 중국산 녹차에 비해 맛이 더욱 더 산뜻하다. 건파우더는 찻잎을 보호하고 품질을 유지하기 위해 우롱차의 형태처럼 둥글게 말아 놓았다. 이와 같은 녹차는 항산화 성분인 플라보노이드를 다량으

혼합비/재료

1.25/건파우더(녹차), 1/레몬그라스, 0.75/툴시, 0.5/고투콜라.

침출 방법

- **온침법** : 허브티 2테이블스푼에 뜨거운 물 1½컵을 부은 뒤 10~15분 정도 우린다.
- **냉침법** : 뚜껑이 있는 차병에 허브티 1~2테이블스푼을 넣고 차가운 물 2컵을 부은 뒤 허브티가 완전히 적셔질 때까지 흔들어 준다. 그런 다음 냉장고나 차가운 곳에서 2시간 이상 보관한다.

향미와 효능

- **맛과 향** : 툴시의 향과 레몬그라스의 시트러스 향이 더해진 산뜻하고도 부드러운 녹차 향.
- **허브 작용** : 뇌 기능의 향상.
- **효능** : 신경 안정.

로 함유하고 있어 심혈관을 튼튼히 하고 혈액 순환을 개선시킨다. 그 밖에도 신선한 산소를 뇌에 충분히 공급하여 뇌의 건강을 유지하는 데에도 좋다.

건파우더 *gunpowder*

과명 : 차나뭇과
학명 : 카멜리아 시넨시스 시넨시스 변종 *Camellia Sinensis var. sinensis*
효능 : 항산화, 수분 균형, 혈중 콜레스테롤 감소 등

©사진. 티블렌딩/한국티소믈리에연구원

애슬릿스 티 *Athlete's Tea*
지구력을 길러 주는 허브티

평소에 활동량이 많은 사람들을 위해 특별히 고안된 토닉 허브티이다. 지구력을 길러 주고 장시간 활동한 몸이 원기를 회복할 수 있도록 도와준다. 이 토닉 허브티를 매일 같이 마시면 몸의 활동성을 유지하는 데 도움을 줄 수 있고, 골격근, 신경계, 순환계에 꼭 필요한 영양분들도 충분히 섭취할 수 있다.

매일 같이 운동하면서 몸과 마음을 건강하게 유지하는 일은 현대인들에게 특히 중요하다. 요가 강사이거나 자전거로 출퇴근을 하며 매일 건강을 유지하고 있는 사람도 이 토닉 허브티를 마시면 몸의 건강을 조직 세포의 차원에서 유지할 수 있다. 특히 근육과 관절의 회복을 돕고, 몸에 꼭 필요한 미량 영양소를 공급해 주면서 자신감과 집중력, 그리고 사기도 진작시켜 준다.

혼합비/재료

1/아슈와간다(인도인삼), **1**/민들레 뿌리, **0.5**/가시오갈피(시베리아인삼), **0.5**/페퍼민트, **0.5**/황금, **0.5**/네틀 잎, **0.5**/고투 콜라, **0.25**/감초 뿌리.

침출 방법

• **온침법** : 허브티 2테이블스푼에 뜨거운 물 1½컵을 부은 뒤 10~15분 정도 우린다.
• **냉침법** : 뚜껑이 있는 차병에 허브티 1~2테이블스푼을 넣고 차가운 물 2컵을 부은 뒤 허브티가 완전히 적셔질 때까지 흔들어 준다. 그런 다음 냉장고나 차가운 곳에 2시간 이상 보관한다.

향미와 효능

• **맛과 향** : 흙 향, 민트 향, 약간 쓰고 단맛.
• **허브 작용** : 체력 보강 및 회복.
• **효능** : 신경 안정, 근육 강화.

민들레 꽃 *dandelion flower*

과명 : 국화과
학명 : 타락사쿰 오피키날레 *Taraxacum officinale*
효능 : 쓸개즙 분비, 이뇨, 간 기능 개선 등

©사진, 티블렌딩/한국티소믈리에연구원

유리네리 헬스 티 *Urinary Health Tea*
신장과 방광의 기능을 활성화하는 허브티

요로 감염이나 긴장성 요실금을 앓고 있는 사람들이 환영할 만한 토닉 허브티이다. 이 토닉 허브티에 사용되는 허브들은 신장과 방광의 기능을 활성화하고 요로의 박테리아 감염을 막는다. 향미는 달콤하면서도 신선한 풀 향이 나며, 여기에 단맛을 더하고 싶다면 루이보스나 허니부시를 첨가하면 된다.

레시피 | Recipe

혼합비/재료

2/건크랜베리, 1/네틀 잎, 1/호스테일, 1/옥수수수염(corn silk),

1/루이보스 또는 허니부시(선택 사항), 0.5/민들레 잎.

침출 방법

• **온침법** : 허브티 2테이블스푼에 뜨거운 물 1½컵을 부은 뒤 10~15분 정도 우린다.

• **냉침법** : 뚜껑이 있는 차병에 허브티 1~2테이블스푼을 넣고 차가운 물 2컵을 부은
뒤 허브티가 완전히 적셔질 때까지 흔들어 준다. 그런 다음 냉장고나 차가
운 곳에 2시간 이상 보관한다.

향미와 효능

• **맛과 향** : 신맛, 쓸쓸하면서 단맛.

• **허브 작용** : 영양 공급, 요로 건강 회복.

• **효능** : 요로 기능 개선.

민들레 잎 *dandelion leaf*

과명 : 국화과
학명 : 타락사쿰 오피키날레 *Taraxacum officinale*
효능 : 소화 촉진, 식욕 증진 등

고투콜라(Gotu Kola)

학명 : *Centella asiatica*
분류 : 산형화목 미나릿과의 여러해살이풀
원산지 : 아시아 및 아프리카

고투콜라는 아시아의 습지 지역에서 서식하는 허브 식물로서 오래전부터 여러 질병을 치료하는 데 사용되었다. 특히 신경계에 약효가 좋은데, 임상적으로는 불안감, 정신적 피로, 과민증을 해소하는 데 효능이 높은 것으로 밝혀졌다. 인도의 사람들은 신경계의 기능을 향상시키고 기억력을 높일 목적으로 신선한 고투콜라로 허브티를 만들어 매일 같이 마신다. 타이에서는 오후에 원기를 되찾는 회복제로서, 또는 자극제로서 고투콜라를 판매한다.

민들레, 우엉, 당귀 등 각종 뿌리류들이 블렌딩된 건강 허브티.

우먼스 블렌드 *Women's Blend*

여성 호르몬의 균형을 잡아 주는 허브티

영양을 공급하고 여성 호르몬의 균형을 잡아 주는 토닉 허브티이다. 월경 중인 여성의 고통을 줄여 주고, 들쭉날쭉한 기분의 고조를 막아 준다. 갱년기 여성의 경우에는 육체적인 불편함을 줄여 줄 뿐만 아니라 신경계의 균형을 되찾는 데에도 도움을 준다.

레시피 | Recipe

혼합비/재료

1.5/로즈힙, 1/민들레 뿌리, 1/우엉 뿌리, 1/당귀(dong quai),
1/황기, 1/생강, 1/시나몬, 0.5/샤타바리(shatavari)(야생 아스파라거스),
0.5/오렌지필, 0.25/영지버섯, 0.25/클로브(clove)(정향).

침출 방법

• **달이기** : 뚜껑이 있는 냄비에 차가운 물 3컵을 붓고 허브티 3테이블스푼을 넣은 뒤
　　　　　서서히 가열한다. 끓기 시작하면 불을 줄여 약한 불에 20분 이상 서서히
　　　　　끓여서 달인 뒤 허브티를 체로 받쳐 한 번 걸러 내면 완성이다.

향미와 효능

• **맛과 향** : 흙 향, 매운맛.
• **허브 작용** : 여성 호르몬의 균형 회복.
• **효능** : 내분비계 개선, 신경 안정.

시나몬 *cinnamon*

과명 : 녹나뭇과
학명 : 킨나모뭄 카시아 *Cinnamomum cassia*
효능 : 항균, 지방 분해, 소화 촉진 등

©사진, 티블렌딩/한국티소믈리에연구원

데일리 어드리널 서포트 *Daily Adrenal Support*

신장과 부신 활동을 촉진하는 허브티

스트레스를 완화하고, 부신의 활동을 촉진하는 등 굉장한 효능의 토닉 허브티이다. 이 토닉 허브티는 차가버섯, 영지버섯, 황기, 아슈와간다 네 종류의 자양강장 허브가 기반을 이룬다. 차가버섯과 영지버섯은 약용 버섯으로 자양강장과 면역력을 증강시키는 효능이 있고, 자연적인 에너지의 비축력을 회복시켜 스트레스를 완화시키는 데 도움이 된다. 그리고 황기는 면역력이 약화되는 것을 막아 주는 최고의 영양 허브이다. 만삼도 비슷한 효능이 있지만 아시아산 인삼보다는 그 약효가 덜하다. 아시아산 인삼이 몸에 맞는다면 사용하여도 좋지만, 자극에 민감한 사람들은 만삼을 사용하는 것이 더 좋다.

이 토닉 허브티는 전반적으로 자극성이 덜하면서도 신장의 기능을 촉진한다. 인

레시피 | Recipe

혼합비/재료

2/차가버섯, 2/실론 종 시나몬(Ceylon cinnamon), 1/영지버섯,
1/황기, 1/만삼, 1/펜넬, 1/생강 또는 건생강.

침출 방법

• **달이기** : 뚜껑이 있는 냄비에 차가운 물 3컵을 붓고 허브티 3테이블스푼을 넣은 뒤
천천히 가열한다. 끓기 시작하면 약한 불에 20분 이상 서서히 끓인다. 이
렇게 달인 것을 체로 받쳐 한 번 걸러 내면 완성이다.

향미와 효능

• **맛과 향** : 흙 향을 베이스로 한 단맛, 매운맛.
• **허브 작용** : 자양강장, 소화력 증진, 신진대사 회복.
• **효과** : 신경 안정, 소화 촉진, 면역력 증진.

삼과 함께 소화기계에 좋은 허브를 사용하면, 신장의 기능에 문제가 있거나 몸의
피로로 소화기계에 장애를 자주 겪는 사람들에게 좋다. 여기에 펜넬을 첨가하면
자연스럽게 단맛을 더해 주면서 소화기계와 신경계를 동시에 안정시킬 수 있다.
그리고 방향성이 강한 시나몬은 몸에 열을 내게 해 면역력과 소화력을 높이고 혈
당량을 낮춰 준다. 생강은 항염증 효능이 있으면서 소화력과 면역력도 함께 증진
시킨다. 몸에 열이 많거나 건조한 사람은 생강을 넣지 않으면 된다.

황기 *astragalus*

과명 : 콩과
학명 : 아스트라갈루스 멤브라나케우스 *Astragalus membranaceus*
효능 : 해독, 면역력 증진, 이뇨, 붓기 완화 등

Herb Spotlight

가시오갈피(Eleuthero)

학명 : *Eleutherococcus senticosus*
분류 : 두릅나뭇과 오갈피나무속 낙엽 관목
원산지 : 한국, 중국, 일본

    시베리아인삼이라고도 하는 가시오갈피는 자양강장 허브로서 약화된 신경계의 기능을 강화하고 스트레스로 인한 수많은 부차적인 증상에 대해 몸의 저항력을 길러 준다. 보통 고강도의 활동으로 인해 근육이 피로하거나 통증이 있는 운동선수에게 특히 효능이 높다. 또한 몸과 마음의 균형을 되찾는 데에도 좋은 효능이 있다. 휴식을 취하지 못해 정신이 피로하여 몸이 경직되었을 경우에 카페인이 함유된 티 대신에 가시오갈피를 블렌딩한 허브티를 매일 아침마다 마시면 스트레스를 완화시키는 데 큰 도움이 된다. 근육을 이완시키고 활기를 불어 넣는 데는 카페인 음료보다 가시오갈피의 허브티가 효능이 더 좋다.

찻잎의 줄기들이 포함된 일본 녹차인 쿠키차와 다양한 허브들을 블렌딩한 모습.

©사진. 티블렌딩/한국티소믈리에연구원

리프레시 *Refresh*

몸에 상쾌함을 안겨 주는 허브티

서늘한 아침에 따뜻하게 마시든, 따뜻한 오후에 차갑게 마시든, 이 토닉 허브티는 이름 그대로 매우 상쾌한 느낌을 준다. 생강, 카르다몸, 시나몬, 펜넬, 클로브를 혼합하여 향긋한 마살라차이^{masala chai}를 기반으로 하고 쿠키차^{kukicha}를 섞는다. 쿠키차는 일본의 녹차로서 찻잎과 줄기를 볶아서 재가공한 티이다. 볶은 허브를 소량으로 넣으면 티의 향미에 깊이를 더해 주면서 단맛까지도 낼 수 있다.

이 쿠키차는 오늘날 일본에서도 젊은 층에서 인기가 매우 높다. 시중에서 구입할 경우에는 찻잎이 거의 없고 줄기가 많이 들어 있는 것을 선택하는 것이 좋다. 이 토닉 허브티는 약 10분 정도 우려내기 때문에 깔끔하게 줄기만 있고 찻잎이 거의 없는 것일수록 더 좋다. 찻잎에는 카페인이 들어 있어 오래 우리면 쓴맛이 날 우려가 있

레시피 | Recipe

혼합비/재료

2/쿠키차(줄기 위주), **1.5**/생강, **1**/시나몬, **1**/민트, **0.75**/카르다몸,

0.75/우엉 뿌리, **0.75**/펜넬, **0.75**/차가버섯, **0.5**/만삼,

0.5/가시오갈피(시베리아인삼), **0.25**/클로브(정향).

침출 방법

• **우리기** : 물과 우유가 혼합된 상태에 재료인 허브들을 넣고 10분간 끓이거나 뜨거운 물에 10~15분간 우려낸다. 꿀을 약간 넣어도 좋다. 기호에 따라 우유를 넣지 않아도 된다.

향미와 효능

• **맛과 향** : 흙 향, 민트 향, 매운맛.

• **허브 작용** : 소화 증진, 자양강장.

• **효능** : 신경 안정, 소화 촉진, 면역력 증강.

는 반면, 줄기에는 카페인이 없어 오래 우려도 쓴맛이 날 우려가 없기 때문이다.

인도의 차이와 다소 비슷한 향미를 지닌 이 토닉 허브티는 스트레스에 대한 몸의 저항력을 길러 주고, 소화를 도와주며, 면역체계를 전반적으로 지원한다. 그중 가시오갈피는 몸에 활력을 불어넣어 주고, 우엉은 약간의 디톡스 효과와 함께 신장에 영양을 공급한다. 그리고 차가버섯은 항산화 성분을 공급하고, 민트는 '리프레시'라는 이름에 걸맞게 상쾌한 맛을 더해 준다.

펜넬 씨 *fennel seed*

과명 : 미나릿과

학명 : 포이니쿨룸 불가레 *Foeniculum vulgare*

효능 : 소화 촉진, 거담, 구풍, 진통 등

©사진. 티블렌딩/한국티소믈리에연구원

리포즈 *Repose*

현기증과 울화증에 좋은 허브티

볶은 향이 매우 풍부하고, 신장의 기능을 활성화시키는 토닉 허브티이다. 보리는 한국에서와 같이 정백精白하지 않고 껍질째로 직접 볶거나(187페이지의 보리 볶기 참조), 중국에서와 같이 낟알 상태 그대로 볶을 수도 있다. 곡물을 볶아 만든 허브티는 몸에 자양당nutritive sugar을 공급해 주고, 특히 추운 날씨에는 몸을 데워 주면서 차분함을 가져다준다. 이 토닉 허브티에 사용된 대부분의 허브들은 몸을 다소 차게 하는 성질이 있다. 여기에 몸을 데워 주는 볶은 곡물이나 줄기가 가득한 쿠키차를 첨가하면 중화 효과를 볼 수 있다.

몸에서 부신이 피로하면 사람에 따라서 증상이 다양하게 나타난다. 이 토닉 허브티는 맥이 지속적으로 풀리거나 현기증, 불면증, 울화증, 근육 경련과 같은 증세를 경험하거나 정신이 흐리멍덩한 기분에 휩싸인 사람들을 위한 허브티라고 할 수 있다. 다른 사람들보다 쉽게 스트레스를 받고 사소한 일에도 괜한 반응을 보이는

혼합비/재료

1/쿠키차 또는 볶은 보리, 1/차가버섯, 1/황기, 1/만삼,
1/로즈힙, 1/펜넬, 0.5/영지버섯.

침출 방법

• **달이기** : 뚜껑이 있는 냄비에 차가운 물 3컵을 붓고 허브티 3테이블스푼을 넣은 뒤
에 서서히 가열한다. 끓기 시작하면 약한 불에 20분 이상 다시 서서히 끓
인다. 이렇게 달인 것을 체로 받쳐 한 번 걸러 내면 완성이다.

향미와 효능

• **맛과 향** : 단맛과 약간의 신맛이 조화롭고, 구운 향이 매우 깊다.
• **허브 작용** : 신진대사 촉진.
• **효능** : 신경계 안정, 면역력 증강.

경향이 있으면 이 토닉 허브티를 매일 마셔 볼 것을 권장한다. 내성적인 사람이나
과도한 업무로 지친 사람이 그러한 상태를 극복하거나 치유하고 싶을 경우에도 매
일 마시면 좋다. 원기를 북돋워 주는 자양강장 허브티를 마셔도 별다른 효과를 보
지 못한 사람들조차도 몸을 서서히, 그리고 부드럽게 균형을 되찾아 주기 때문에
강력히 권장한다. 내분비계를 자극하지 않으면서도 몸에 활기를 북돋워 주는 이 토
닉 허브티야 말로 지친 자신에게 스스로 안겨 줄 수 있는 진정한 의미의 선물이라
고 할 수 있다.

펜넬 줄기부 *fennel*

과명 : 미나릿과
학명 : 포이니쿨룸 불가레 *Foeniculum vulgare*
효능 : 변비 해소, 모유 분비 촉진(최유), 산통 완화 등

©사진, 티블렌딩/한국티소믈리에연구원

키즈 티 *Kid's Tea*

아이들의 성장기에 좋은 허브티

가당 음료를 대체할 수 있는 매우 좋은 토닉 허브티이다. 아이들의 성장기에 꼭 필요한 비타민과 미네랄 성분들을 다량으로 함유한 과일류와 허브들이 풍부하게 들어 있다. 성인들이 비타민 C의 공급원으로 마셔도 좋은 토닉 허브티이다.

구기자 *Goji berry*

과명 : 가짓과
학명 : 리키움 키넨시스 *Lycium chinense Miller*
효능 : 혈행 촉진, 면역력 증대, 혈중 콜레스테롤 감소 등

혼합비/재료

3/밀키오트 잎, 2/로즈힙, 2/엘더베리, 1/고지베리(구기자), 1/오렌지필,
1/시나몬, 1/레몬그라스, 1/오미자(schisandra berries) 또는 기타 건과일 (선택 사항),
0.5/히비스커스, 0.5/우엉 뿌리, 0.25/감초 뿌리.

침출 방법

• **우리기** : 허브티 2테이블스푼에 뜨거운 물 1½컵을 부은 뒤 10~15분 정도 우린다.

향미와 효능

• **맛과 향** : 단맛, 시트러스 향, 과일 향, 톡 쏘는 향.
• **허브 작용** : 영양 공급.
• **효능** : 전반적인 자양강장.

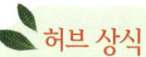

■ 마살라 차이 ■

마살라 차이Masala chai는 인도에서 유래한 음료로 오늘날까지도 여러 나라에서 즐겨 마신다. 인도에서 재배되는 치료 효능이 높은 향신료들을 첨가해 만들어 매우 훌륭한 자양강장의 음료이다.

자양강장의 토닉 허브티 하면 제일 먼저 떠오르는 것이 매운맛의 '차이chai'이다. 이 마살라 차이는 향미가 매우 깊고 향긋하며, 소화력과 면역력도 증강시켜 주기 때문에 건강 음료로서도 매우 매력적이다. 마살라 향신료에 홍차와 우유, 그리고 설탕을 넣어 만들어 맛이 매우 우아할 뿐만 아니라 치료적인 효능도 전반적으로 좋다. 또한 한 모금을 마시면 매우 풍부하고도 깊은 맛이 난다. 달콤하고 매운맛이 감돌면서 신맛이 살짝 나고 약간의 쓴맛도 이어진다. 소금을 여기에 살짝 넣으면 맛은 더욱더 산뜻해진다. 허브에 든 지용성 성분이 유지방을 분해하면서 향미가 미각에서 지속적으로 감지되어 맛도 입안에서 오래도록 남는다.

향미가 진하고 풍부한 향신료를 냄비에 넣고 한 시간가량 끓이면 부엌이 향으로 가득 차면서 몸에도 활기가 솟아오른다. 특히 차이를 진하게 우려내는 동안에 부엌을 거닐면, 가슴은 부푼 기대로 가득 차는 느낌이 든다. 이와 같이 블렌딩 홍차인 차이의 향미는 몸과 마음을 진정으로 치유하고 특별하게 만드는 효능이 있다.

마살라 차이를 만들 경우에는 먼저 향신료부터 고농도로 달인다. 기본적으로 사용되는 향신료로는 생강, 펜넬, 아니스 또는 스타아니스, 카르다몸, 시나몬, 페퍼콘peppercorn(알후추)을 들 수 있다. 더욱더 복합적인 향미를 즐기고 싶다면 기본 향신료에 클로브(정향), 오렌지필, 바닐라빈, 사프란, 너트메그nutmeg(육두구), 올스파이스allspice, 베이bay(월계수 잎)를 넣어도 좋다.

향신료를 선택할 경우에는 생동감이 넘치는 색상과 향이 전체적으로 조화를 이루도록 하는 것이 좋다. 그리고 향신료를 블렌딩할 경우에는 기기나 도구로 혼합하기 직전에 빻거나 향신료용 그라인더로 갈아서 사용할 것을 권한다. 미리 갈아서 보관하면 시간이 지나면서 효능이 약화되기 때문이다.

차이의 기본 향신료

● 생강(또는 건생강)

생강은 매운맛에 약간의 신맛이 돌아 인도의 차이에서 향신료로 주로 사용된다. 생강은 소화 기능, 면역력, 혈액 순환을 개선하고 항염증의 효능이 있어 블렌딩에서는 자주 사용되는 재료이다. 그리고 주위 곳곳에서 재배되고 있어 언제 어디서나 쉽게 구할 수 있다. 가을철이면 수확해 겨우내 요리를 하거나 허브티를 우려내 먹을 수 있다. 인도의 차이에는 건생강을 사용하여도 좋지만 생강이 더 맑고 신선한 맛을 선사한다. 따라서 건생강보다 생강이 기본 재료로 더 많이 사용된다. 앞으로 소개할 레시피에서도 생강이 다른 향신료에 비해 사용 빈도가 훨씬 더 높다는 것을 알 수 있다.

● 펜넬 씨앗, 아니스 씨앗, 또는 스타아니스 깍지

펜넬, 아니스, 스타아니스는 서로 교체해 사용할 수 있다. 이중 펜넬은 단맛이 나고 향이 스타아니스와 비슷하면서 비용도 가장 저렴하여 가성비가 좋다. 또한 뒤뜰에서 재배하여 여름철에 영양분이 풍부할 때 수확해 허브티의 재료로 사용할 수 있다. 스타아니스는 오직 열대지방에서 재배되기 때문에 가격이 세 종류 중에서도 가장 비싸다. 허브티를 우릴 때 스타아니스를 많이 넣으면 가성비가 좋지 않아 보통 몇 개만 넣는다. 이 스타아니스는 향이 펜넬보다는 클로브, 올스파이스에 가까워 카페인이 들어 있지 않은 차이에 깊고도 진한 맛을 제공할 수 있다.

● 카르다몸

카르다몸은 가격이 매우 비싸서 보통은 매우 적은 양으로 사용한다. 카르다몸의 깍지는 토닉 허브티를 블렌딩하기 직전에 빻아서 넣는다. 그러면 약리적인 효능과 향미가 최대한 유지된다. 특히 카르다몸의 에센셜 오일은 휘발성이 높아 적당한 용기에서 제대로 보관하지 않으면 공기 중으로 날아가 버리거나 급속히 변질된다. 그리고 독특한 향미가 매우 두드러질 뿐 아니라, 위장에 찬 가스를 배출하고 음식의 소화를 도와주는 효능도 있어 중동 국가에서는 그 소비가 매우 많다. 또한 항균 효능도 강하여 오염된 음식물의 섭취로 인한 질병의 발생도 줄여준다.

● 시나몬

시나몬은 혈당을 조절하고 몸을 따뜻하게 해 소화 기능을 돕는다. 그리고 차고 습한 기후에 사는 사람이라면 가을과 겨울철의 허브티에 시나몬을 첨가해 마시면 좋다. 시나몬은 천연 건조 효능과 몸을 보온하는 효능이 있고 맛과 향도 좋은 허브이기 때문이다.

음식에 향미를 내거나 허브티에 약리적인 효능을 더해 주기 위해 매우 다양한 종류의 시나몬들이 사용될 수 있다. 녹나뭇과Lauraceae 녹나무속Cinnamomum의 식물에는 2000여 종이 있는데, 시나몬Cinnamomum cassia은 그중 한 종이다. 흔히 동양에서 육계나무로 불리는 이 시나몬은 대부분이 인도네시아, 베트남, 중국에서 생산되어 전 세계로 수출된다. 이 시나몬에는 중국 종인 카시아C. cassia, 인도네시아 종인 부르마니C. burmannii, 베트남 종인 로레이로이C. loureiroi의 세 종이 있다.

특히 중국 종의 시나몬C. cassia은 실론 종의 시나몬C. verum에 비해 성장 속도가 빠르고 생산의 지속성도 더 높다. 서양에서 흔히 말하는 시나몬은 스리랑카에서 재배되는 실론 종이며, 보통 '실론 시나몬Ceylon cinnamon', '트루 시나몬true cinnamon', '스위트 시나몬sweet cinnamon'이라고도 한다. 실론 종은 중국 종에 비해 가격이 훨씬 더 비싼데, 그 이유는 중국 종에 비해 치료나 약리적인 효능이 더 월등한 것으로 알려져 있기 때문이다. 그러나 쿠마린coumarin이라는 화학 성분도 함유하고 있어 다량으로 복용할 경우에는 간肝에 손상을 줄 수도 있다. 실론 종의 시나몬은 항균 효능 면에서도 중국 종보다 뛰어나 세균 감염으로부터 우리의 몸을 더 효과적으로 보호할 수 있다. 그리고 두 종 모두 혈당량을 조절하고 관절염에도 좋은 효능이 있다.

종합적으로 볼 때 시나몬을 취향적인 면에서 좋아하거나 치료 목적으로 섭취하는 경우에는 실론 종을 더 권하겠지만, 인도의 티인 차이나 음식을 조리할 경우에는 중국 종의 시나몬이 훨씬 더 낫다. 중국 종의 시나몬은 매운맛이 더 나지만, 실론 종의 시나몬은 단맛이 더 나기 때문에 두 재료의 사용에서 향미의 차이를 느껴 보는 것도 흥미롭고 즐거운 일이다. 전 세계적으로 실론 종의 시나몬을 가장 많이 수입하는 나라는 멕시코이며, 오늘날의 멕시코 음식점에서는 매콤하고 달달한 요리 모두에 단맛이 강한 실론 종의 시나몬을 사용한다.

● 알후추(페퍼콘)

후추 열매는 차이 음료에 톡 쏘는 듯한 맛을 낸다. 블랙페퍼black pepper(흑후추)는 혈액 순환을 개선하여 울혈을 막고 섭취한 영양분이 우리 몸 안에서 신진대사에 원활하게 사용될 수 있도록 돕는다.

풍부한 향미의 '차이(Chai)'

간단하고 우아하면서도 중간 정도의 매운맛을 지닌 인도의 전통 음료인 차이의 기본 레시피를 여기서 소개한다. 인도의 전통 음료인 차이는 향미가 매우 풍부하고 풀바디감을 지니는 것이 큰 특징이다. 이 기본 레시피를 바탕으로 하면, 곳곳에서 생산되는 다양한 향신료와 허브 재료를 사용해 자신에게 꼭 맞는 차이를 만들어 마실 수 있다.

여기서 제공하는 레시피는 향신료만 사용한 것으로, 이 레시피 다음에는 기가막힌 홍차를 기본 티로 사용하여 차이를 만드는 방법도 소개한다. 인도의 아삼 티Assam tea는 맥아 향이 그윽하고 비용도 저렴한 홍차로서 차이의 블렌딩에 기본 티로서 매우 적합하다. 차이에 사용될 기본 재료를 먼저 준비한 뒤 맨 마지막에 홍차를 넣으면 향미를 극대화할 수 있다. 여기에 꿀을 한 스푼 넣으면 펜넬과 시나몬의 단맛을 더욱더 끌어올릴 수 있다.

그날의 분위기, 욕구, 계절에 따라 차이의 레시피는 달라질 수 있다. 그러나 전반적으로 차이의 레시피는 복잡하지 않다. 좋아하는 홍차에 시나몬과 카르다몸을 손가락으로 한 자밤 집어넣는 것만큼이나 쉽고 간단하다. 다음에 소개될 레시피를 바탕으로 자신의 취향에 맞는 특별한 차이를 만들어 보자.

©사진, 티블렌딩/한국티소믈리에연구원

베이직 차이 *Basic Chai*

가장 기본적인 차이

차이의 농축액 만들기

물 1컵마다 향신료 믹스 2티스푼을 넣는다. 예를 들면 물 6컵을 사용하면, 향신료 믹스는 ¼컵을 넣으면 된다. 뚜껑이 있는 냄비에 향신료와 차가운 물을 붓고 천천히 가열한다. 끓기 시작하면 약한 불에 20~40분가량 계속해서 끓인다. 이때 물이 넘치지 않도록 주의한다. 냄비의 뚜껑을 닫아 뜨거운 물과 향신료에서 발생한 에센셜 오일이 공중으로 증발되지 않도록 한다. 차이의 농축액은 냉장고에 넣으면 1주일 정도 보관할 수 있다. 농축액 안에 재료인 향신료를 그대로 둔 채로 보관한 뒤, 필요한 경우에만 체로 걸러 내 사용하는 것도 좋은 방법이다.

혼합비/재료

4/생강 간 것(또는 건생강 3 비율), 2/펜넬 씨앗, 1/카르다몸,
1/시나몬, 0.25/흑후추, 1~2/월계수 잎 간 것(선택 사항).

침출 방법

• **달이기** : 뚜껑이 있는 냄비에 차이 농축액 1컵과 우유 1컵을 붓는다. 중간 정도의
불로 따뜻하게 데우고, 이때 우유가 끓지 않도록 유지한다. 증기가 올라오
면 홍차 1티스푼과 꿀 1티스푼을 넣고 4~6분간 달인다. 그 뒤 체로 걸러
내 마시면 된다.

향미와 효능

• **맛과 향** : 흑후추와 펜넬, 그리고 시나몬이 적절하게 조화된 단맛. 향신료의 깊고
매운 향.
• **허브 작용** : 신진대사 강화.
• **효능** : 혈액 순환 개선, 면역력 증강, 소화 촉진.

시나몬 조각 *cinnamon*

과명 : 녹나뭇과
학명 : 킨나모뭄 카시아 *Cinnamomum cassia*
효능 : 항균, 지방 분해, 소화 촉진 등

다양한 허브와 향신료들이 블렌딩되어 맛과 향이 매우 깊고 풍부한 차이.

©사진, 티블렌딩/한국티소믈리에연구원

딜라이트 차이 *Delight Chai*

깊은 향미로 즐거움을 선사하는 차이

향신료의 깊고도 풍부한 맛을 즐기는 사람들에게 딱 들어맞는 차이 음료이다. 기본적인 차이 블렌드에 스타아니스, 클로브, 오렌지필, 올스파이스를 넣어 만든다. 이보다 더 깊은 맛과 향을 즐기고 싶으면 바닐라빈을 넣으면 된다. 그리고 아삼티는 1컵당 1티스푼을 넣는다.

레시피 | Recipe

혼합비/재료

3/생강 간 것, 2/시나몬, 1/카르다몸, 1/펜넬, 0.5/스타아니스, 0.25/올스파이스, 0.25/클로브, 0.25/오렌지필, 0.1/흑후추, 샤프론 약간(1자밤).

* 자밤 : 엄지, 검지를 모아서 집을 만한 분량을 세는 단위.

©사진, 티블렌딩/한국티소믈리에연구원

디카페인 차이 *Decaf Chai*

보온 효능이 훌륭한 무카페인 차이

　시원한 저녁에 손가락부터 발끝까지 온몸을 따뜻이 데우고 싶을 때 권하는 고급스러운 차이 음료이다. 디카페인 차이는 우유와 꿀을 섞었을 때 그 효능이 증폭되며, 올스파이스와 너트메그를 넣으면 맛과 향이 한층 더 깊어진다.

　루이보스나 허니부시를 기본 재료로 사용할 수도 있다. 루이보스가 로즈힙과 같이 쏘는 듯한 맛에 산뜻한 느낌을 준다면, 허니부시는 과일 향을 더해 주면서 단맛을 낸다. 카페인이 함유된 홍차의 경우에는 홍차를 맨 마지막에 부어야 하지만, 허니부스와 루이보스의 경우에는 물에 일찍 넣어 충분히 우려야 향미가 깊고 진해지며 쓴맛도 나지도 않는다.

레시피 | Recipe

혼합비/재료

　3.5/허니부시 또는 루이보스, 3/생강, 2/펜넬, 2/카르다몸,
　1.5/시나몬, 0.5/올스파이스, 0.5/오렌지필, 0.25/너트메그.

©사진. 티블렌딩/한국티소믈리에연구원

바닐라 차이 *Vanilla Chai*

완벽한 디저트 차이

맛과 향이 섬세하면서도 균형을 잘 이루어 디저트로서 완벽한 차이 음료이다. 신선한 생강, 오렌지필, 바닐라빈을 넣으면 깊고 풍부한 향미를 경험할 수 있다.

이 레시피에서는 인도의 대표적인 홍차인 다르질링 티^{Darjeeling tea}를 사용하거나 1컵에 차이 기본 농축액 1티스푼을 넣어 사용한다. 차이 농축액을 만들 시간이 없을 경우에는 우유에 잎차를 넣어 우려내도 그 맛이 훌륭하다. 차이 농축액으로 만들 경우에는 다르질링 티를 넣지 않고 1컵에 차이 농축액 1티스푼만 넣는다. 컵 맨 위에 신선한 오렌지필을 고명으로 뿌리면 상쾌한 기분으로 차이 음료를 즐길 수 있다.

레시피 | Recipe

혼합비/재료

3/다르질링 티 또는 1컵당 차이 농축액 1티스푼, 2/생강 간 것,
1/시나몬, 1/카르다몸, 1/오렌지필, 0.5/너트메그, 0.25/흑후추,
1/바닐라빈(블렌딩 티 1파운드당), **1자밤**/고명으로 올릴 신선한 오렌지필 약간.

©사진, 티블렌딩/한국티소믈리에연구원

레이니 데이 차이 *Rainy Day Chai*

비오는 날 우울한 기분을 떨쳐 낼 차이

온몸이 쑤시고 나른한 날에는 이와 같은 차이 음료를 강하게 추천한다! 이유 없이 우울하고 처지는 날에 몸과 마음에 활기를 북돋을 수 있는 음료이다. 차이는 보온 효능이 강하고 천연적인 향이 강하여 근육에서 수분을 제거하는 성질이 있다. 여기에 오렌지필을 고명으로 뿌리면 차이의 맛과 향이 놀라울 정도로 상쾌해진다. 여기서는 1컵에 홍차 1티스푼을 사용한다.

레시피 | Recipe

혼합비/재료

3/생강 간 것, 2/펜넬, 2/시나몬, 1/카르다몸, 0.5/올스파이스,
0.5/클로브, 0.25/흑후추, 0.1/바닐라빈,
1자밤/고명으로 올릴 신선한 오렌지필.

차이 라이트 *Chai Light*
가볍고 우려내 즐기는 차이 음료들

　다음에 소개할 세 종류의 차이 블렌딩 음료들은 달여서 농축액을 만드는 것이 아니라 있는 그대로 우려내면 된다. 직장에서나 바쁜 일상 속에서 전통적인 방식으로 차이 음료를 만들어 마시는 것은 쉬운 일이 아니다. 차이 음료를 만들 시간이 없는 경우에는 다음과 같이 만들어 전자레인지에 데워 마셔 보자.

스타아니스, 올스파이스, 홍차 등 다양한 허브들을 소재로 블렌딩한 인도의 차이 음료.

©사진. 티블렌딩/한국티소믈리에연구원

브라이트 차이 *Bright Chai*

매운맛 애호가를 위한 차이 음료

이 차이 음료는 단맛과 매운맛이 입안 가득히 퍼지는 고급스러운 특징이 있다. 매운맛의 차이 음료를 좋아하면 홍차의 양을 줄이거나 흑후추의 양을 늘리면 된다.

레시피 | Recipe

혼합비/재료

3/홍차(아삼 티나 실론 티) 또는 루이보스,

2/건생강(또는 생강을 갈아 1컵에 1티스푼),

1/시나몬, 0.5/카르다몸, 0.5/스타아니스, 0.25/올스파이스,

0.25/감초 뿌리, 1/바닐라빈(블렌딩 티 1파운드당), 1/샤프란(1컵 기준).

침출 방법

• **우리기** : 허브티 1테이블스푼에 뜨거운 물이나 데운 우유 1½컵을 넣고
5~8분간 우린다.

©사진, 티블렌딩/한국티소믈리에연구원

민트 & 스파이스 차이 *Mint & Spice Chai*

마음을 진정시키고 소화를 돕는 차이 음료

다음에 소개할 차이 음료는 우려내기도 편할 뿐만 아니라 다른 차이 블렌드와는 확연히 다른 특징을 갖고 있다. 매운맛은 덜하고 허브 향이 진하게 나며, 여기에 민트의 마음을 차분히 진정시키고 기분도 좋게 하는 효능이 더해졌다. 생강이 들어가지 않아 몸에 열을 내는 효능은 없다. 식사를 한 뒤 마시면 소화를 돕고 입안에 단맛이 퍼져 기분을 즐겁게 한다.

레시피 | Recipe

혼합비/재료

2/아삼 티, 1/민트, 1/펜넬, 0.5/시나몬, 0.25/카르다몸, 0.25/클로브.

침출 방법

• **우리기** : 아삼 티 1테이블스푼에 뜨거운 물이나 데운 우유 1½컵을 넣고
　　　　　 5~7분간 우린다.

카르다몸-로즈 차이 *Cardamom-Rose Chai*

소화력을 높이고 총기를 불어넣는 차이 음료

소화 작용을 높이고 기분을 즐겁게 하면서 맛도 좋아 행복감을 주는 차이 음료이다. 아침이나 점심을 먹은 뒤에 마시는 것이 좋으며, 마음을 편하게 하고 생각에 총기를 더해 주는 효능이 있다.

레시피 | Recipe

혼합비/재료

3/홍차, 2/카르다몸, 1/로즈페틀, 1/시나몬, 1/민트,
1/바닐라빈(블렌딩 티 1파운드당)

침출 방법

• **우리기** : 아삼 티 1테이블스푼에 뜨거운 물 1½컵을 넣고 4~8분간 우린다.

정력을 높여 주는 토닉 허브티

　여성이든 남성이든 사람은 나이가 들면 몸이 빠르게 노화된다. 오늘날 우리 사회에는 노화에 대해 부정적인 이미지와 미에 대한 잘못된 기준들이 만연해 있다. 특정 사람들에게만 국한된 미에 대한 편협한 시각보다는 기적이라고 할 수 있는 미의 다양성을 찬미해야 한다. 다음에 소개할 정력을 높여 주는 토닉 허브티는 남성과 여성의 성적 욕구를 불러일으키는 정력제sexual enhancer가 아니다. 여기에서 말하는 정력이란 사람의 기분을 흥겹게 만들어 자연히 친밀감을 높이고 보다 솔직하게 하는 효능이다. 실제로도 상당히 많은 수의 허브에는 사람의 원기와 정력을 강화시키는 성분이 들어 있다.

　육체적 친밀감은 즐거운 경험이면서 사람의 기분을 황홀하게 한다. 앞으로 소개할 토닉 허브티는 사람의 영혼을 고양시키고 기분을 좋게 만든다. 중독성이 없고 자존감을 높여 상대와 자신 사이에 견고한 유대감을 형성시킨다. 다미아나damiana와 같은 허브는 수세기 동안 수줍음을 줄이고 친밀감과 매력을 증진시키는 천연 정강제로 사용되어 왔다. 클로브를 다미아나와 카카오와 함께 블렌딩하여 사용하면 몸의 순환계를 개선하고 각성 효과도 높여 준다.

Herb Spotlight

다미아나(Damiana)

학명 : *Passifloraceae Turnera diffusa*
분류 : 시계꽃과의 관목 식물
원산지 : 중앙아메리카

멕시코와 중앙아메리카 등의 지역에서는 오래전부터 신경계의 기능을 증진하고, 원기를 회복시켜 정력을 높여 주는 효능으로 인해 다미아나를 사용해 왔다. 다미아나는 근심을 줄여 주고 활기를 불어넣는 탁월한 효능이 있다. 이것을 우려내 마시면 일반적인 의미의 웰빙 라이프를 사는 듯한 기분이 든다. 기분이 저조할 때는 며칠 동안 꾸준히 다미아나를 우려내 마시면 좋다. 일정한 정도의 동기 부여가 필요한 시기에도 다미아나를 우려내 마시면 세상의 모든 일과도 사랑에 빠질 것이다.

©사진, 티블렌딩/한국티소믈리에연구원

블리스 *Bliss*

신경계에 영양을 공급하는 허브티

　　신경계에 영양을 공급하고 기분을 즐겁게 할 수 있도록 블렌딩한 토닉 허브티이다. 패션플라워passionflower(시계초)의 몸과 마음을 안정시키는 효능에 다미아나의 정력을 높여 주는 효능이 더해져 균형을 이룬다. 또한 감초의 뿌리가 사용되어 부신의 피로를 해소해 주는 효능도 있고 단맛도 선사하여 마시는 즉시 입안과 목안을 부드럽게 풀어 준다.

　　또한 실론 종 시나몬과 클로브에는 몸에서 열을 내게 하는 성질이 있어 혈액 순환을 강화시킨다. 로즈힙은 천연 비타민 C와 항산화 성분들을 공급하면서 톡 쏘는 듯한 새콤달콤한 맛도 선사한다. 볶은 카카오닙스cacao nibs(카카오 배유)는 미묘한 볶은 향을 풍기면서 기분을 좋게 하고 마음에 위안을 가져다준다.

레시피 | Recipe

혼합비/재료

3/민트, **2**/카카오닙스(카카오 배유), **2**/다미아나,
1.5/실론 종 시나몬, **1.5**/로즈힙, **1**/패션플라워(시계초),
0.25/클로브, **0.25**/감초 뿌리.

침출 방법

• **우리기** : 허브티 1테이블스푼에 뜨거운 물 1½컵을 부은 뒤 10~15분 정도 우린다.

향미와 효능

• **맛과 향** : 쓴맛과 단맛의 아름다운 조화, 민트 향과 초콜릿 향 가미.
• **허브 작용** : 정력 증진.
• **효능** : 신경 안정, 혈액 순환 개선.

클로브 *clove*

과명 : 도금양과
학명 : 에우게니아 카리옵필라타 *Eugenia caryophyllata*
효능 : 항균, 진통 등

©사진, 티블렌딩/한국티소믈리에연구원

러브 티 *Love Tea*

육체적인 친밀감을 높여 주는 허브티

신경계에 영양분을 공급하고, 자기애를 북돋워 정력도 높여 주는 토닉 허브티이다. 이 토닉 허브티를 마시면 사람을 강하고 빛나는 존재로 보이게 정신을 고양시켜 주고, 이를 상대와 공유함으로써 서로 연결되어 있다는 마음이 가슴에서 우러나오면서 육체적인 친밀감을 높여 준다. 정력을 높여 주는 효능이 매우 큰 것은 아니기 때문에 일단 한 잔을 마셔 보고 기분이 어떤지 살펴보는 것이 좋다. 더 마시고 싶다는 생각이 들면 한 주전자를 통째로 마셔도 건강에 지장이 없다.

다미아나는 미국의 남부와 멕시코의 북부 지역이 산지인데, 특히 성 생활과 관련된 신경과민과 근심, 경미한 우울증을 완화시키는 효능이 있는 것으로 알려졌다. 그리고 밀키오트는 영양성이 높고 신경계를 안정시킨다. 무이라푸아마^{muira}

레시피 | Recipe

혼합비/재료

5/밀키오트 잎, 3/다미아나, 2/가시오갈피, 2/샤타바리,

2/무이라푸아마(muira puama), 2/펜넬, 2/페퍼민트, 1.5/생강,

1/로즈페틀, 1/바닐라빈(블렌딩 티 1파운드당).

침출 방법

• **우리기** : 허브티 2테이블스푼에 뜨거운 물 1½컵을 부은 뒤 10~15분 정도 우린다.

향미와 효능

• **맛과 향** : 살짝 단맛, 꽃 향, 매운맛, 약간 쓴맛/분명한 향미를 거부하는 탁월하고도
절묘한 블렌딩의 맛과 향.

• **허브 작용** : 영양 공급, 정력 강화.

• **효능** : 신경계 안정, 생식 기능 강화.

puama는 남미 지역에서는 오랫동안 사람들의 사랑을 받아 온 허브이다. 남성과 여성의 정력을 높여 주면서 동시에 스트레스를 조절하고 경미한 탈진 증상을 개선하는 데에도 큰 도움이 된다. 자양강장의 효능이 높은 가시오갈피는 신경계를 보호하여 스트레스의 강도가 높은 현대를 살아가는 데 큰 도움이 된다. 그리고 샤타바리는 특히 여성이 섭취하면 여성 호르몬의 균형을 되찾아 주어 건강에도 매우 좋다. 매운 생강은 또한 따뜻한 기분을 선사하고, 페퍼민트, 펜넬, 로즈페틀, 바닐라빈은 우아한 향미와 영양분을 공급해 준다. 이 토닉 허브티는 맛과 향의 조화가 거의 최상급이라고 할 수 있다.

생강 가루 *ginger*

과명 : 생강과

학명 : 진기베르 오피키날리에 *Zingiber officinalie*

효능 : 진통, 살균, 식욕 증진, 소화 촉진 등

©사진, 티블렌딩/한국티소믈리에연구원

러브 유어 라이프 티 *Love Your Life Tea*

황홀감을 안겨 주는 허브티

이 토닉 허브티의 장미 향과 바닐라 향은 사람의 기분을 황홀하게 하며 사람들로 하여금 곧바로 마셔 보고 싶은 충동적인 마음을 들게 한다. 캐모마일은 몸과 마음을 안정시키고, 약간의 쓴맛이 단맛과 꽃 향의 강도를 균형 있게 잡아 준다. 로즈힙을 사용해 비타민 C와 단맛을 더해 준다. 특히 히비스커스는 톡 쏘는 듯한 향미 내는데, 6분 이상 우릴 경우에는 그 효능을 극대화할 수 있다. 이 토닉 허브티는 큰 찻주전자에 두고 계속해서 우려내는 것이 좋다. 오랫동안 우려내면 다양한 단계의 맛을 경험할 수 있다.

레시피 | Recipe

혼합비/재료

1/로즈페틀, 1/캐모마일, 0.5/히비스커스,
0.5/로즈힙, 1/바닐라빈(블렌딩 티 1파운드당).

침출 방법

- **온침법** : 허브티 1테이블스푼에 뜨거운 물 1½컵을 부은 뒤 4~10분간 우린다.
- **냉침법** : 뚜껑이 있는 차병에 허브티 1~2테이블스푼을 넣고 차가운 물 2컵을 넣은 뒤 허브티가 완전히 적셔질 때까지 흔들어 준다. 그런 다음 냉장고나 차가운 곳에 2시간 이상 보관한다.

향미와 효능

- **맛과 향** : 단맛, 신맛, 꽃 향, 바닐라 향, 기분 좋은 자극.
- **허브 작용** : 정신 고양, 신경 안정.
- **효능** : 심신 안정.

로즈페틀 *rose petal*

과명 : 장미과
학명 : 로사 켄티폴리아 *Rosa centifolia*
효능 : 진정, 변비 개선, 수렴 작용 등

©사진, 티블렌딩/한국티소믈리에연구원

초콜라틀 *Chocolatl*

매운 향이 가미된 마시는 초콜릿 허브티

　생허브로 만든 초콜릿 허브티를 마시면 그 맛과 향에 심취된다. 생카카오는 경이로운 슈퍼푸드로서 맛과 향을 더해 주고, 여러 허브와 칠리, 시나몬, 민트 등 여러 향신료를 섞는 경우에도 그 향미를 높인다. 뜨거운 물과 우유에 이들 재료를 블렌딩하여 우려내면 그 향이 매혹적이다.

　카카오는 매우 감각적인 허브이다. 향신료와 함께 사용하면 기분을 즐겁게 하여 정력을 높여 주는 토닉 허브티로 만들 수 있다. 이 토닉 허브티의 매운맛은 치파틀 페퍼chipotle pepper나 붉은고추cayenne 중 하나를 기호에 맞게 넣어 조절할 수 있다. 원기를 회복하고 싶은 사람에게는 이 토닉 허브티를 강력히 추천한다. 크리미한 향에 활력이 북돋고 살짝 감도는 단맛을 느낄 수 있다. 파티의 음료로도 손색이 없다.

혼합비/재료

2/생카카오 가루, **1.5**/캐모마일, **1**/페퍼민트, **0.75**/시나몬, **0.35**/스타아니스, 치파틀페퍼나 붉은고추 약간(1자밤), **1**/꿀 1티스푼(1컵 기준)

침출 방법

- **온침법** : 냄비에 우유 ¾컵, 물 ¾컵을 붓고 약한 불로 가열한 뒤 허브티 1~2티스푼을 넣는다. 5~10분간 우린 뒤 체로 걸러 낸다. 마지막으로 꿀 1티스푼을 넣는다.
- **냉침법** : 허브티 1~2티스푼에 차가운 물 ¾컵을 붓는다. 5~10분간 우린 뒤 체로 걸러 낸다. 꿀 1티스푼을 넣고 냉장고에 보관한다. 차가워지면 우유 ¾컵을 섞고 얼음 몇 개도 넣어 준다.

향미와 효능

- **맛과 향** : 기본 쓴맛에 따뜻한 아로마 향, 민트의 차분한 향, 매운 칠리 향.
- **허브 작용** : 정신 고양, 원기 회복.
- **효능** : 심신 안정.

카카오 *cacao*

과명 : 벽오동나뭇과
학명 : 테오브로마 카카오 *Theobroma cacao*
효능 : 신장 기능 개선, 이뇨 작용 등

생카카오, 캐모마일, 페퍼민트 등 색상이 화려한 허브 재료들.

Herb Spotlight

카카오(Cacao)

학명 : *Theobroma cacao*
분류 : 아욱목 벽오동나뭇과의 교목
원산지 : 아메리카 열대 지역

우리는 살면서 주변의 각종 기호음료들에 대해 종종 잊어버리고 간과해 버리는 일이 많다. 오늘날 일상에서 쉽게 접할 수 있는 초콜릿이나 커피 등의 일부 각성 음료들도 실은 과거 이들이 발견되었을 당시만 해도 자주 활용되지 않았다는 사실이다. 멕시코의 마야와 아즈텍 문명의 사람들은 카카오를 매우 신성시하여 특별한 의식에서만 사용하였다. 카카오를 종종 칠리, 향신료, 기타 약용, 향정신성 허브와 함께 섞어 거품을 일도록 만든 뒤 일종의 매개 음료로 사용하였던 것이다. 액상의 초콜릿으로 마시면 그 성분들이 몸과 마음을 여행하면서 약효가 발휘되어 상승효과를 낸다. 초콜라틀(160페이지 참조)은 쉽게 접할 수 있는 달콤한 허브티 그 이상의 약용 음료로서 좋은 성분을 우리 몸속으로 전달하는 매개체이다. 그리고 카카오의 효능에 대해서도 한 번쯤 생각해 볼 수 있는 좋은 기회가 될 것이다.

몸의 자연 면역력을 높여 주는 효능으로 인해 일상생활 속에서 건강 기능성 음료로 많이 마시는 허브티.

제4장

치유 및 약용 허브티들

웰니스 티 : 추위 극복과 감기 예방에 좋은 허브티

레스피래터리 헬스 : 호흡기 건강에 좋은 허브티

소어 스로트 수더 : 인후염의 완화에 좋은 허브티

컨스티페이션 릴리프 : 변비 증상의 개선에 좋은 허브티

캔서 케어 : 암의 예방에 좋은 허브티

데이타임 캄 : 몸과 마음을 안정시키는 허브티

프레거넌시 티 : 임산부에게 영양을 공급하는 허브티

포스트파텀 너리시 티 : 산후 조리에 영양을 공급하는 허브티

칸디다 서포트 : 칸디다증의 치료에 좋은 허브티

너싱 맘마 티 : 산후 조리와 수유기에 미네랄을 공급하는 허브티

블러드 프레셔 서포트 : 혈압 질환과 당뇨병 치료에 좋은 허브티

인플러메이션 리덕션 : 염증의 예방에 좋은 허브티

캄 워터스 : 비뇨기 질환의 개선에 좋은 허브티

스누즈 : 수면 장애의 개선에 좋은 허브티

해피 하트 : 심장의 건강에 좋은 허브티

이스 더 페인 티 : 통증의 완화에 좋은 허브티

마인드 스프링 : 집중력 강화에 좋은 허브티

다양한 허브들을 손으로 직접
블렌딩하는 모습.

치유용으로 블렌딩한 허브티들은 허브의 직접적인 효과를 볼 수 있도록 만들어진 음료로 불균형한 몸의 상태를 부드러우면서도 효과적으로 치유해 준다. 여기서 소개할 허브티 중 일부는 임신이나 통원 치료 등 삶에서 일대 변화를 겪고 있는 사람들이 건강 상태를 호전시킬 수 있도록 지원해 준다. 그 밖의 허브티들은 면역력을 증강시켜 우리의 몸을 스트레스나 질병으로부터 보호해 준다.

치유용 허브티를 우려내 마시면 몸의 자연적인 치유 능력이 증진되는 등 면역력이 높아져 질병으로부터 스스로를 보호할 수 있다. 또한 만성이거나 급성 증상이 있는 경우에는 몸과 마음을 안정시키고 증상을 완화시키는 효능도 있다. 이와 같은 증상들은 몸이 스스로 치유하고 보호하는 가운데 불균형이나 염증, 감염 등의 부작용을 경고하는 것이기 때문에 주의를 기울여야 한다. 여기서 소개되는 허브티는 몸에 영양을 공급할 뿐만 아니라 불균형을 개선하는 데에도 매우 큰 효과가 있다. 또한 심인성 스트레스를 감소시키고, 충분한 휴식을 제공하며, 다이어트를 하면서도 건강을 유지하는 데 큰 도움을 줄 것이다.

©사진. 티블렌딩/한국티소믈리에연구원

웰니스 티 *Wellness Tea*

추위 극복과 감기 예방에 좋은 허브티

　기분이 침체되었을 경우에 진하게 우려내 마시면 좋은 허브티이다. 진하고 강한 향이 면역력을 증강시켜 감기나 독감, 전염병의 감염을 예방하는 효능이 있어 규칙적으로 마시는 것이 좋다. 마음을 안정시키는 효능의 페퍼민트와 흙 향이 풍기는 서양톱풀에 몸의 보온 효능이 있는 향신료 등을 블렌딩해 만든다. 여느 치유용 허브티와 마찬가지로 각 허브들을 단순히 혼합한 것이 아니라, 각 허브들의 고유한 효능들이 서로 융합되어 새로운 상승효과를 내도록 하면서 이미 약화되었거나 기능을 발휘하지 않는 몸의 면역력을 증강시키는 것이다.

　서양톱풀과 엘더플라워는 발한 효능이 있어 몸을 데우고 땀을 내도록 한다. 서양톱풀을 허브티에 사용하면 독감 초기에 즉각적인 효능을 발휘하여 감기 증상의

레시피 | Recipe

혼합비/재료

1/엘더플라워, **1**/생강, **1**/민트, **0.5**/서양톱풀,

0.5/시나몬, **0.5**/카르다몸, **0.3**/감초 뿌리.

침출 방법

• **우리기** : 허브티 1테이블스푼에 뜨거운 물 1½컵을 부은 뒤 10~15분 정도 우린다.

향미와 효능

• **맛과 향** : 단맛, 강한 매운 향, 약간 쓴맛, 민트 향.

• **허브 작용** : 면역계 개선.

• **효능** : 면역력 강화, 소화 촉진.

진행을 막아 준다. 이미 독감에 걸린 상태일지라도 몸에서 땀을 배출시켜 면역력을 증강시킨다. 엘더플라워는 호흡기 감염respiratory infection이나 울혈congestion의 증상을 완화시킨다. 생강은 허브티에서 중심이라 할 수 있을 정도로 몸 안에서 다양한 증진 효과를 유발한다. 이 허브티에서 생강은 복통을 완화하고 면역력을 전반적으로 높여 준다. 생강, 시나몬, 카르다몸은 모두 매운 향이 강한 허브들이다. 이들 재료에 함유된 항균 성분은 감염의 매개체인 미생물에 대항하여 몸 전체에서 효능을 발휘한다. 그리고 단맛을 내는 점액질의 허브인 감초 뿌리는 블렌딩한 허브티의 맛과 향의 균형을 잡아 준다. 특히 인후염이나 감기 증상을 완화하고 자양강장의 효능으로 인해 면역력도 높여 준다. 이 밖에도 민트는 불균형한 건강 상태를 정상화하고 약간의 진정 효능도 보인다.

엘더플라워 *elderflower*

과명 : 인동과

학명 : 삼부쿠스 니그라 *Sambucus nigra*

효능 : 항알레르기, 항염, 발한, 이뇨 작용 등

감기 증상을 떨치는 방법

 감기의 초기 상태에 면역력을 높여 주는 허브티를 마시면 몸이 아픈 증상을 상당히 줄일 수 있다. 목이 따끔거리거나 몸이 극심하게 피로하거나 코 안쪽에서 자극이 감지되는 등 몸의 이상 신호를 재빨리 알아차리고 대응하면 감기 증상을 쉽게 떨쳐 낼 수 있다. 사전 신호인 몸이 찌뿌둥하거나 좋지 않은 기분이 들 때면 자가 확인을 통해 스스로를 돌보아야 한다. 우리는 모두 자신의 몸에 책임을 져야 하기 때문에 몸의 건강 상태가 균형을 잃었을 때 보내오는 이상 신호에 대해서도 잘 알고 있어야 한다.

레스피래터리 헬스 *Respiratory Health*

호흡기 건강에 좋은 허브티

이 허브티는 폐와 호흡기의 기능을 증진시켜 앞서 언급한 '웰니스 티(168페이지 참조)'와 그 효능이 비슷하다. 두 허브티의 효능을 모두 시험해 보고 효능이 더 좋은 쪽을 선택해 보길 권한다. 이 허브티는 '웰니스 티'보다 발한 효능이 더 훌륭하고 면역력도 더 광범위하게 향상시킨다. 폐와 호흡기의 기능을 강화하고 싶은 사람에게 적극적으로 추천할 만한 허브티이다.

레시피 | Recipe

혼합비/재료

3/유칼립투스, 3/펜넬 씨앗, 3/생강, 3/페퍼민트, 2/히솝(hyssop),
1/목향 뿌리, 1/클로브, 0.25/감초 뿌리.

침출 방법

• **우리기** : 허브티 1테이블스푼에 뜨거운 물 1½컵을 부은 뒤 10분간 우려낸다.

향미와 효능

• **맛과 향** : 매운맛, 민트 향, 멘솔 향, 감초 향.
• **허브 작용** : 충혈 완화
• **효능** : 폐 기능 개선, 목 건강 회복, 면역력 증강.

©사진. 티블렌딩/한국티소믈리에연구원

소어 스로트 수더 *Sore Throat Soother*

인후염의 완화에 좋은 허브티

목에 염증이 있으면 단맛이 나고 목 넘김이 부드러운 식감의 음식을 찾게 된다. 그 이유는 진정 효능이 있는 뮤코다당류^{mucopolysaccharide}가 목을 감싸 주기 때문이다. 목 안의 염증이 악화된 경우에는 매우 불쾌한 느낌이 드는데, 이때 인후염을 가라 앉히는 허브티를 마시면 손상된 조직을 진정시키고, 감염 상태를 완화시키며, 기 침과 인후염으로 인한 발열을 줄여 준다.

＊주의 : 감기에 걸리지 않았다면 단맛이 지나치게 강하게 느껴질 것이다. 반면 감기에 걸 렸다면 최고의 안정 효과를 볼 수 있을 것이다.

혼합비/재료

4/로즈힙, **3**/시나몬, **2**/감초 뿌리, **2**/야생 체리나무의 껍질,

2/마시멜로 뿌리, **2**/펜넬,

1/(1인치 길이의) 신선한 생강을 빻은 것(1컵 기준, 선택 사항).

침출 방법

• **우리기** : 허브티 1테이블스푼에 뜨거운 물 1½컵을 부은 뒤 10~15분간 우린다. 마시멜로 뿌리의 효능을 극대화하려면 같은 양의 허브티에 따뜻한 수돗물 1½컵을 부은 뒤 20분간 미지근하게 우려내면 된다.

향미와 효능

• **맛과 향** : 단맛, 감초 향.

• **허브 작용** : 진통제, 거담제, 기침 억제제.

• **효능** : 호흡기 기능 개선, 점막 보호.

감초 뿌리 *licorice root*

과명 : 콩과

학명 : 글리키르리자 글라브라 *Glycyrrhiza glabra*

효능 : 거담, 감기 예방, 변비 해소, 항염 등

컨스티페이션 릴리프 *Constipation Relief*

변비 증상의 개선에 좋은 허브티

극심한 스트레스를 받거나 탈수 증상으로 인해, 또는 가공 식품의 잦은 섭취로 인해 변비는 오늘날 흔한 증상이 되었다. 변비의 증상을 치유하는 허브티에 들어가는 센나senna는 장의 연동 운동을 촉진하여 배변의 기능이 원활해지도록 한다. 변비 증상을 앓고 있을 때 이 허브티는 구세주와도 같을 것이다. 과일과 채소, 녹색 잎의 식물이 다량으로 들어가 있어 많은 양의 물과 함께 마시면 만성적인 변비 증상을 완화시킬 수 있다. 단 즉각적인 효과를 볼 수 있는 것은 아니고, 밤에 잠들기 전에 마시면 아침에 효과를 볼 수 있다. 밤에 마시는 경우에는 캐모마일의 비율을 1 정도로 해서 넣어 마시면 더욱더 좋다.

혼합비/재료

2/센나, 2/민트, 1/펜넬, 0.5/시나몬, 2/건자두 (1컵 기준),
1/신선한 생강 빻은 것 1테이블스푼(1컵 기준).

침출 방법

- **우리기** : 포트나 찻주전자에 허브티 1테이블스푼, 자두, 신선한 생강을 넣고 뜨거운 물을 부은 뒤 15분간 우려낸다.

향미와 효능

- **맛과 향** : 단맛, 매운맛, 민트 향.
- **허브 작용** : 변비 증상의 개선.
- **효능** : 소화 증진.

시나몬 *cinnamon*

과명 : 녹나뭇과
학명 : 킨나모뭄 카시아 *Cinnamomum cassia*
효능 : 항균, 지방 분해, 소화 촉진 등

©사진, 티블렌딩/한국티소믈리에연구원

캔서 케어 *Cancer Care*

암의 예방에 좋은 허브티

가까운 사람이 최근 암의 진단을 받았거나 암의 치료를 받아 회복 중인 경우에 이 허브티는 몸의 전반적인 기능을 회복시켜 준다. 린든과 캐모마일이 신경계에 부드럽게 작용하여 쇠약해진 신경에 활력을 불어넣는다. 자양강장 허브가 신장의 기능을 촉진하고 질병의 감염으로부터 몸을 보호하며, 스트레스를 보다 균형감 있게 조절한다(52페이지 참조). 구기자(고지베리)와 툴시는 강장 효능이 훌륭한 허브이다. 또한 펜넬, 생강, 레몬밤Lemon Balm은 항균 효능이 있어 의도하지 않은 질병 감염의 가능성을 줄여 준다. 마지막으로 캐모마일, 생강, 펜넬은 소화기에 부드럽게 작용하는 효능이 있어 몸의 건강이 좋지 않을 때 마시면 소화에 큰 도움이 된다.

혼합비/재료

1/펜넬, 1/린든, 1/강장 허브(구기자, 툴시 등), 1/레몬 밤,

0.5/건생강 또는 신선한 생강을 간 것,

0.5/캐모마일, 0.25/감초 뿌리.

침출 방법

• **우리기** : 허브티 1테이블스푼에 뜨거운 물 1½컵을 부은 뒤 10~15분간 우려낸다.

향미와 효능

• **맛과 향** : 훈훈한 맛, 과일 향, 꽃 향, 혀끝에 닿는 약간 아니스와 비슷한 향.

• **허브 작용** : 항균 작용, 신경 안정, 장내 가스 배출, 신장 기능 회복.

• **효능** : 면역력 증강, 소화기계 강화, 심신 안정.

펜넬 *fennel*

과명 : 미나릿과

학명 : 포이니쿨룸 불가레 *Foeniculum vulgare*

효능 : 변비 해소, 모유 분비 촉진(최유), 산통 완화 등

©사진, 티블렌딩/한국티소믈리에연구원

데이타임 캄 *Daytime Calm*

몸과 마음을 안정시키는 허브티

현대의 생활 속에서 스트레스는 불가피하게 겪게 되는 심리적인 증상이다. 도로에서 운전을 하거나 육아로 하루 종일을 보내거나 회의 시간에 지각하는 등 사소한 일에도 우리 몸의 신경계는 매우 긴장한다. 심리적으로 주위의 상황에 압도되는 듯한 기분이 들 경우에 불안한 정서를 안정시켜 주는 허브티를 마시면 일상의 균형을 회복할 수 있다.

극심한 스트레스에 많이 노출되어 있는 경우에는 이 허브티를 하루에도 몇 번씩 규칙적으로 마시면 긴장을 해소하는 데 큰 도움이 된다. 몸의 긴장을 풀어 주고 심리적인 균형을 회복시켜 건강을 되찾아 주는 효능이 있기 때문이다.

저먼 캐모마일과 시계풀 등 신경을 안정시키는 허브 외에도 펜넬, 로즈힙, 민트,

혼합비/재료

1/저먼 캐모마일, **1/**시계풀, **1/**펜넬, **1/**민트, **0.5/**오미자,
0.5/로즈힙, **0.5/**레몬밤, **0.25/**마시멜로 잎.

침출 방법

- **우리기 :** 허브티 1테이블스푼에 뜨거운 물 1½컵을 부은 뒤 8~15분간 우려낸다.

향미와 효능

- **맛과 향 :** 약간 신맛, 민트 향, 달콤하면서도 쌉쌀한 맛.
- **허브 작용 :** 신경 안정.
- **효능 :** 심신 안정.

마시멜로, 레몬밤 등은 비타민과 미네랄의 성분을 풍부히 공급하여 신경계의 기능을 조절해 줄 뿐만 아니라 위장의 기능도 안정시켜 준다. 또한 오미자는 시큼한 베리류로서 자양강장의 효능이 있어 스트레스를 조절하는 능력을 증진시킨다.

저먼 캐모마일 *German chamomile*

과명 : 국화과
학명 : 마트리카리아 카모밀라 *Matricaria chamomilla*
효능 : 진정 및 진경, 항염, 위 기능 개선 등

캐모마일, 펜넬, 민트 등 다양한 허브들로 우려낸 맛도 향긋한 허브티.

©사진, 티블렌딩/한국티소믈리에연구원

포스트파텀 너리시 티 *Postpartum Nourish Tea*
산후 조리에 영양분을 공급하는 허브티

생명의 잉태는 사람의 일생에서 가장 큰 기쁨의 순간이다. 그러나 산모의 경우에는 몸에서 가장 급격한 변화가 일어나 체질이 재조정되는 시기이기도 하다. 이 허브티는 신경계와 신장 기관(특히 부신)에 영양을 충분히 공급하여 산모가 작은 생명을 보호하느라 쌓인 피로와 스트레스를 해소해 주는 효능이 있다. 그리고 손상된 결합조직을 치유하는 데에도 좋은 효능이 있어 자연 및 인공 분만의 과정에서 모두 좋은 효과를 볼 수 있다.

레시피 | Recipe

혼합비/재료
  2/고투콜라, 2/레몬밤, 1/네틀, 1/귀리 짚, 1/밀키오트 잎, 1/저먼 캐모마일.

침출 방법
• 우리기 : 허브티 3~4테이블스푼에 뜨거운 물 4컵을 부은 뒤 5~15분간 우려낸다.

향미와 효능
• 맛과 향 : 단맛, 풀 향, 약간 레몬 향.
• 허브 작용 : 조직 생성, 뇌와 신장에 영양 공급.
• 효능 : 결합 조직의 형성, 심신 안정.

©사진, 티블렌딩/한국티소믈리에연구원

프레거넌시 티 *Preganancy Tea*

임산부에게 영양을 공급하는 허브티

　임신 중이거나 임신을 준비하는 경우에도 추천할 수 있는 허브티이다. 비타민과 미네랄이 풍부한 다양한 허브들이 생물학적으로 활용할 수 있는 영양소들을 제공하여 임신부가 건강을 유지하고 태아가 자라는 데에 큰 도움이 된다. 비록 임신 상태에서도 안전하게 섭취할 수 있는 재료들을 사용하지만, 항상 의사나 조산사에게 먼저 조언을 구해야 한다.

　조산사들은 산모의 출산 시간을 절약하고 고통을 줄이며 산후 회복을 돕는 데에 라즈베리의 잎이 효능이 크다는 사실을 알고 있다. 라즈베리 잎에는 비타민 C와 E가 풍부하고, 생물학적으로 이용할 수 있는 영양소인 칼슘, 철분, 비타민 B, 인, 칼륨, 망간, 마그네슘 등의 성분이 함유되어 있기 때문이다.

　네틀은 서양 사회에서는 오래전부터 영양성이 매우 풍부한 허브로 알려져 있다. 임신 기간에는 쇠약해지는 부신과 신장의 기능을 강화하는 효능이 있다. 또한 민트와 저먼 캐모마일은 마음을 안정시키고 소화 불량을 완화시킨다. 그리고 귀리는 미네랄 성분을 충분히 공급하여 태아의 건강한 성장을 돕는다. 이 밖에도 귀리에

레시피 | Recipe

혼합비/재료

2/네틀 잎, 2/라즈베리 잎, 2/페퍼민트, 2/로즈페틀, 1/저먼 캐모마일,
1/알팔파, 1/민들레 잎, 1/밀키오트 잎, 1/귀리 짚.

침출 방법

- **온침법** : 허브티 1~2테이블스푼에 뜨거운 물 1½컵을 넣고 10~20분간 우린다.
- **냉침법** : 영양이 풍부한 허브티이므로 차가운 물을 사용해 우릴 경우에는 미네랄
  성분들을 더 풍부하게 추출할 수 있다. 뚜껑이 있는 병에 허브티 1~2테이
  블스푼을 넣고 차가운 물 2컵을 부은 뒤 허브티가 완전히 적셔질 때까지
  흔들어 준다. 그런 다음 냉장고나 차가운 곳에 2시간 이상 둔다.

향미와 효능

- **맛과 향** : 약간 단맛, 약초 향, 민트 향, 꽃 향.
- **허브 작용** : 긴장 완화, 비타민, 미네랄 성분 공급, 소화 개선, 간과 신장의 기능 촉진.
- **효능** : 해독 및 배설 작용, 심신 안정, 여성 생식기의 기능 증진, 일반적인 자양 강장.

는 칼슘과 마그네슘이 풍부하여 근심이나 불안한 상태, 피부 트러블을 안정시켜는
효능도 있다. 민들레 잎은 비타민 A, 칼슘, 철분을 함유하고 있어 간 기능을 정상화
하고, 수분을 유지해 주며, 경증 부종 상태도 완화시킨다. 메스꺼움이나 복통이 있
을 경우에는 신선한 생강을 갈아서 허브티에 블렌딩해 마시면 더욱더 좋다.

민들레 잎 *dandelion leaf*

과명 : 국화과
학명 : 타락사쿰 오피키날레 *Taraxacum officinale*
효능 : 소화 촉진, 식욕 증진 등

©사진, 티블렌딩/한국티소믈리에연구원

칸디다 서포트 *Canidda Support*

칸디다증의 치유에 좋은 허브티

칸디다증Candidiasis을 앓고 있다면 허브티만으로 치유하기에는 굉장히 어렵다. 저혈당 위주의 식이요법이 병행되어야 하고, '프로바이오틱probiotic'의 보충제를 복용하면서 '프리바이오틱 식품prebiotic food'과 허브를 장기간 함께 섭취해야 칸디다균Candida albicans을 줄일 수 있다. '글로 : 뷰티 티'(96페이지 참조)에는 민들레와 우엉의 뿌리가 들어 있다. 여기에는 프리바이오틱 다당류인 '이눌린inulin' 성분이 함유되어 있어 장내 미생물intestinal flora들을 건강하게 하여 칸디다증을 완화하는 데에도 큰 도움이 된다. 이 허브티와 더불어 '글로 : 뷰티 티'를 함께 마시면 식이 요법과 국소 치유를 병행하는 결과로서 치유의 효과를 높일 수 있다.

칸디다증의 치유에 도움이 되는 허브티에는 건조 효과와 항진균성의 효능이 있

혼합비/재료

5/포다르코(pau d'arco), **2/**밀키오트 잎, **2/**세다르 잎(cedar tips)(선택 사항),
1/타임, **1/**민트, **1/**금잔화, **0.5/**오레가노(oregano), **0.5/**클로브.

침출 방법

• **우리기** : 허브티 2테이블스푼에 뜨거운 물 1½컵을 부은 뒤 10~15분간 우려낸다.

향미와 효능

• **맛과 향** : 향미가 환상적인 허브티.

• **허브 작용** : 건조 효과, 항진균성 효과.

• **효능** : 칸디다증 예방 및 완화.

는 허브들이 주로 사용된다. 칸디다증이 계속 재발하는 사람에게도 매우 좋은 예
방 허브티라 할 수 있다.

오레가노 *oregano*

과명 : 꿀풀과

학명 : 오리가눔 불가레 *origanum vulgare*

효능 : 진정, 살균, 식욕 증진, 이뇨 등

수유기에 좋은 호로파 씨앗, 민트, 펜넬, 알팔파 등이 블렌딩된 허브티.

©사진, 티블렌딩/한국티소믈리에연구원

너싱 매머 티 *Nursing Mama Tea*

산후 조리와 수유기에 미네랄을 공급하는 허브티

이 허브티는 여성이 출산한 뒤 몸의 건강을 회복시키고, 필수 비타민과 미네랄 성분을 공급하여 산모가 건강하게 수유할 수 있도록 고안되었다. 호로파fenugreek와 고츠루goat's rue는 오래전부터 수유를 촉진하는 효능이 높아 매우 많이 활용된 허브이다. 산모가 출산한 뒤 이 허브티를 약 2주간 매일 2~3회씩 마시면 산후 조리기에 수유를 원활하게 할 수 있다.

레시피 | Recipe

혼합비/재료

10/호로파 씨앗, 5/민트, 5/펜넬, 4/네틀 잎, 2/레몬밤, 2/고츠루, 2/알팔파, 2/저먼 캐모마일.

침출 방법

• **우리기** : 허브티 3~4테이블스푼에 뜨거운 물 4컵을 부은 뒤 5~15분간 우려낸다.

향미와 효능

• **맛과 향** : 약간 달콤하면서도 쌉쌀한 맛, 민트 향.

• **허브 작용** : 모유 분비 촉진, 영양 보충, 안정 효과.

• **효능** : 모유 분비, 심신 안정, 소화 기능 개선.

블러드 프레셔 서포트 *Blood Pressure Support*

혈압 질환과 당뇨병 치료에 좋은 허브티

사람은 노화 과정이 진행되면 심혈관계도 점차 쇠퇴한다. 그로 인해 자연히 혈압과 관련한 질환도 발생한다. 이 허브티는 나쁜 콜레스테롤(LDL)의 혈중 수치를 낮춰 혈압을 정상화하는 데 도움이 된다. 향미도 좋아 하루에 한두 잔씩 마시는 것도 좋다.

인류가 지난 100년간 심장을 포함해 심혈관계의 건강을 유지하기 위해 끊임 없이 사용해 온 허브가 있다면, 바로 호손^{Hawthorn}(산사나무)일 것이다. 최근 들어 호손의 그러한 효능이 널리 알려지면서 잎이나 꽃, 열매 등도 심장 질환, 고혈압, 고지혈증, 혈액 순환의 개선을 위해 사용되고 있다. 히비스커스도 혈압을 낮추는 효능이 있는데, 히비스커스와 호손에는 안지오텐신전환효소$^{ACE, angiotensin-converting enzyme}$를 억제

레시피 | Recipe

혼합비/재료

1/호손 잎, **1**/호손 열매, **1**/시나몬, **1**/린든, **1**/건베리류, **1**/민트(선택 사항), **0.5**/히비스커스, **0.5**/레몬그라스, **0.5**/오렌지.

침출 방법

- **우리기** : 허브티 1~2테이블스푼에 뜨거운 물 1½컵을 부은 뒤 5~10분간 우려낸다. 개인의 취향에 따라서 꿀을 넣어서 마실 수도 있다.

향미와 효능

- **맛과 향** : 시큼한 히비스커스 향과 달콤한 린든의 신선한 시트러스 향.
- **허브 작용** : 심혈관 및 혈압의 개선 작용.
- **효능** : 심혈관계의 건강 증진.

하고, 혈관을 수축시키는 안토시아닌^anthocyanin 성분이 함유되어 있기 때문이다. 시나몬도 혈당량을 조절하고 혈압을 낮추는 효능이 있어, 특히 제2형 당뇨병 환자나 당뇨병 전증 환자에게 매우 좋다. 린든은 신경을 안정시키는 효능이 있어 히비스커스, 호손과 함께 섭취하면 고혈압의 치료에도 큰 도움이 된다.

또한 린든, 호손, 히비스커스에는 건베리류와 마찬가지로 항산화 성분이 다량으로 함유되어 있다. 건베리류는 야생 블랙베리를 수확해 말린 뒤 잘 보관해 두었다가 나중에 사용하면 된다. 이와 같이 베리류를 첨가하면 기존의 새콤달콤한 맛을 강화시켜 톡 쏘는 듯한 맛의 허브티를 만들 수 있다. 신맛을 줄이고 싶으면 베리류 대신에 민트나 꿀을 사용하면 된다.

오렌지 *orange*

과명 : 운향과
학명 : 키트루스 시넨시스 *Citrus sinensis*
효능 : 소화 촉진, 진정, 식욕 증진 등

호손, 시나몬, 린든 등의 허브로 블렌딩하여 당뇨병에도 좋은 허브티.

©사진, 티블렌딩/한국티소믈리에연구원

캄 워터스 *Calm Waters*

비뇨기 질환의 개선에 좋은 허브티

비뇨기 질환을 개선하는 데 좋은 이 허브티는 요로 감염증이 있는 사람들을 위하여 고안되었다. 항균성·수렴성 재료를 사용해 비뇨기에 서식하는 병원균을 제거하는 효능이 있다. 또한 진정 효능도 우수하고, 손상되고 악화된 조직도 치료하는데 도움이 된다. 향미도 좋아 블렌딩을 시도해 볼 것을 권해 본다! 천연의 신맛과 쓴맛을 지닌 허브에 약간의 단맛이 나는 옥수수수염을 첨가하였다. 이 허브티의 최대 장점은 역시 비뇨기 질환의 치료 효능이다.

레시피 | Recipe

혼합비/재료

1/건크랜베리, 1/건블루베리, 1/오리건 포도(Oregon grape) 뿌리, 1/옥수수수염, 0.5/네틀 잎, 0.5/우바우르시(uva-ursi), 0.5/히비스커스, 0.5/민들레 잎.

침출 방법

• **우리기** : 허브티 1테이블스푼에 뜨거운 물 1½컵을 부은 뒤 5~10분간 우려낸다.

향미와 효능

• **맛과 향** : 신맛, 쓴맛, 과일 향.
• **허브 작용** : 항균 작용, 비뇨기 조직의 수렴 작용.
• **효능** : 비뇨기계의 기능 증진.

©사진, 티블렌딩/한국티소믈리에연구원

인플러메이션 리덕션 *Inflamation Reduction*

염증의 예방에 좋은 허브티

인도 고대 의학인 아유르베다의 레시피를 기본으로 한 이 허브티는 일상음료와 같이 마셔도 좋다. 맛은 진한 차이나 카레와 비슷하다. 소염 효과를 주목적으로 삼았기 때문에 항염 효능이 우수한 신선한 생강과 강황이 기본적으로 사용되었다. 두 허브들을 평상시에 음식, 티, 주스에 넣어 마시면 염증 예방 효과는 더 높아질 것이다. 항염 약품과 표준 추출물을 사용하면 더 큰 효과를 볼 수 있지만, 식물 전체가 제공하는 것만큼의 균형감 있는 효과는 얻을 수 없을 것이다. 따라서 신선한 생강과 강황은 면역계와 소화기계에 주는 조화로운 효과를 감안하면, 최고의 재료 선택이라 할 수 있다.

이 허브티는 지용성 성분을 함유한 향신료를 사용하였기 때문에 약효 성분들이 물에 완전히 추출되지 않는다. 또 다량의 항산화 물질이 함유되어 있어 슈퍼 푸드로 불리는 구기자는 면역계를 강화시키고, 몸과 마음에 누적된 스트레스도 크게 줄여 준다. 흑후추는 소염 효능이 강한 강황의 함유 성분들이 몸에 잘 흡수되도록

레시피 | Recipe

혼합량/재료

2테이블스푼/신선한 생강 간 것, **2테이블스푼**/신선한 강황 간 것,
2테이블스푼/구기자(고지베리), **½티스푼**/카르다몸, **½티스푼**/클로브, **소량**/흑후추,
1티스푼/홍차나 루이보스(1컵 기준), **1티스푼**/버터 또는 코코넛 오일(1컵 기준),
1티스푼/꿀(1컵 기준).

침출 방법

• **우리기** : 뚜껑이 있는 병에 생강, 강황, 구기자(고지베리), 카르다몸, 클로브, 흑후추를
넣고 물 4컵을 붓는다. 약한 불에 15분간 계속 끓인 뒤에 불을 끄고 허브티
와 버터, 꿀을 첨가한다. 5분 정도 기다린 다음에 체로 걸러 내 즐기면 된
다. 구기자에 함유된 당 성분은 버터가 허브티에 자연스럽게 녹아들도록
할 것이다. 이 허브티 위에 녹인 버터를 토핑으로 올려도 좋다.

향미와 효능

• **맛과 향** : 버터 향, 카레와 비슷한 향.
• **허브 작용** : 조직의 항염증 작용, 보온 작용, 면역계 강화.
• **효능** : 근육 강화, 심신 안정, 면역력 증진, 혈액 순환의 개선.

도와준다. 이 밖에도 카페인의 선호 여부에 따라 홍차나 루이보스를 사용할 수도
있다. 이 레시피는 대량 생산을 위한 것이 아니다. 따라서 허브의 양을 혼합비가 아
닌, 특별히 계량 도구를 사용한 혼합량으로 표시하였다.

카르다몸 *cardamom*

과명 : 생강과
학명 : 엘렛타리아 카르다모뭄 *Elettaria cardamomum*
효능 : 식욕 증진, 소화 촉진, 점액 분비 촉진 등

©사진, 티블렌딩/한국티소믈리에연구원

스누즈 *Snooze*

수면 장애의 개선에 좋은 허브티

불면증이 있거나 숙면을 취하지 못하는 사람들을 위해 고안된 허브티이다. 밸러리언valerian(서양쥐오줌풀)을 기본 재료로 사용한다. 골격근과 신경계를 안정시키는 강력한 효능이 있어 숙면이 필요한 경우에 안성맞춤이다. 일부 연구 결과에 따르면, 이 허브를 장기간 복용하면 잠드는 데 드는 시간을 획기적으로 줄일 수 있다고 한다. 수면 장애를 개선하는 대부분의 허브티와 마찬가지로, 이 허브티에서도 여러 허브 재료들을 사용해 신체적·정신적 긴장을 완화하는 효능이 높다.

레시피 | Recipe

혼합비/재료

2/밸러리언(서양쥐오줌풀), **1/**카바(kava), **1/**린든, **1/**민트, **1/**시계초,
0.25/홉스, **0.25/**너트메그.

침출 방법

- **온침법** : 허브티 1~2테이블스푼에 뜨거운 물 1½컵을 부은 뒤 5~10분간 우려낸다.
- **냉침법** : 뚜껑이 있는 병에 허브티 1~2테이블스푼을 넣고 차가운 물 2컵을 넣는다. 뚜껑을 닫고 병을 흔들어 허브티가 적셔지도록 한 뒤 냉장고나 차가운 곳에 2시간 정도 보관한다.

향미와 효능

- **맛과 향** : 약간 쓴맛, 매운 향, 민트 향. 냄새가 약간 지독한 느낌이 나고, 많이 마실 경우에는 카바로 인해 입술과 혀가 다소 마비되는 기분이 들 수 있다.
- **허브 작용** : 신경 안정, 수면 유도, 수면 장애의 개선
- **효능** : 근육 강화, 심신 안정

*주의점 : 임신 중이거나 산모가 수유 중이라면 마시면 안 된다.

너트메그 *nutmeg*

과명 : 육두구과
학명 : 미리스티카 프라그란스 *Myristica fragrans*
효능 : 원기 회복, 식욕 촉진, 소화 촉진, 구토 완화

©사진, 티블렌딩/한국티소믈리에연구원

해피 하트 *Happy Heart*

심장의 건강에 좋은 허브티

맛과 영양분을 고루 갖춘 이 허브티는 혈액을 정화시키고 심장의 물리적 상태를 안정시켜 심장계의 건강을 전반적으로 유지하는 데 도움이 된다. 린든, 네틀, 호손을 함께 사용하여 상승효과를 내면서 신경계의 긴장을 완화시키고, 혈관계의 질환도 예방하는 효능도 있다.

호손은 동맥의 혈액 순환을 좋게 하고 해로운 콜레스테롤(LDL)의 혈중 수치를 낮춰 준다. 또 신경을 안정시켜 정서적 긴장이나 불안으로 인한 가슴 통증도 가라앉힌다. 종종 '라임 꽃'이라고도 하는 린든은 신경계를 안정시키는 효능이 우수하고 호손의 허브 효능도 증폭시킨다. 레드세이지red sage는 호손과 효능이 잘 어울리면서 혈액 순환을 개선하는 효능이 있다.

혼합비/재료

1/호손 잎, 1/호손 열매, 1/린든, 1/민트, 1/네틀 잎, 1/레드세이지 뿌리, 0.5/오스만투스(osmanthus) 꽃, 0.25/머더워트(익모초).

침출 방법

• 우리기 : 허브티 1~2테이블스푼에 뜨거운 물 1½컵을 부은 뒤 5~10분간 우려낸다.

향미와 효능

• 맛과 향 : 산뜻한 꽃 향과 달콤하면서도 쌉쌀한 향과 민트 향의 조화.

• 허브 작용 : 강심 작용, 불안한 정서 호전.

• 효능 : 심혈관계 개선, 심신 안정.

머터워트motherwort(익모초), 호손, 린든, 레드세이지는 급격한 심장 박동이나 떨림을 동반한 심리적인 트라우마를 겪고 있는 사람들에게 치료 효과가 좋아 서구 사회의 허브 전문가들 사이에서는 매우 중요하게 취급된다. 이 허브티는 장기간 복용하면 심혈관계 질환을 예방하여 건강을 유지하는 데에 큰 도움이 된다.

호손 잎 *hawthorn leaf*

과명 : 장미과

학명 : 크라타이구스 핀나티피다 *Crataegus pinnatifida*

효능 : 피로 해소, 면역력 증진, 감기 예방

©사진, 티블렌딩/한국티소믈리에연구원

이스 더 페인 티 *Ease The Pain Tea*

통증의 완화에 좋은 허브티

급성 또는 만성 통증은 매우 가벼운 활동에도 큰 지장을 준다. 이러한 통증은 부상으로 인한 육체적인 경우도 있지만, 정서적인 스트레스나 심리적인 요인으로 인해 근육과 관절에 통증이 부차적으로 유발된 경우도 있다. 이와 같은 이유로 통증을 완화하는 허브티는 종종 서로 다른 종류의 허브들을 사용해 모든 유형의 통증을 억제할 목적으로 블렌딩되기도 한다. 예를 들면, 진통제, 이완제, 진경제, 완화제의 효능을 동시에 모두 갖춘 허브티들이다. 진통 효능의 허브는 통증을 줄일 뿐 근본적인 원인을 치료하는 것은 아니다. 이 허브티에서는 코리달리스corydalis(현호색)라는 비습관성 통증을 완화하는 허브를 사용하였다. 그리고 스컬캡skullcap(황금)은 이완제의 효능이 높다고 알려져 있는데, 펜넬과 함께 사용하면 그 효능은 더 커진다. 결

레시피 | Recipe

혼합비/재료

1/코리달리스(현호색), 1/스컬캡(황금), 1/펜넬, 0.5/야생 마, 0.5/민트, 0.25/만삼(코도놉시스), 0.25/감초 뿌리.

침출 방법

- **달이기** : 뚜껑이 있는 병에 허브티 1~2테이블스푼를 넣고 뜨거운 물 1½컵을 붓는다. 가스레인지를 사용해 20분 이상 따뜻하게 데운다. 허브티가 끓거나 너무 뜨겁지 않도록 하려면 약한 불에 맞춰 둔다.

향미와 효능

- **맛과 향** : 감초, 펜넬, 만삼의 달달한 맛과 코리달리스, 스컬캡, 야생 마의 쓴맛이 조화를 이룬다.
- **허브 작용** : 통증 완화, 경련 진정, 긴장 완화, 자양강장.
- **효능** : 근육의 긴장 해소, 심리적인 안정.

합조직인 근육이 긴장한 상태이면 야생 마$^{wild\ yam}$를 첨가하는 것이 좋다. 또한 허브 재료들 사이에서 효능의 균형을 잡고 싶으면 민트나 감초 뿌리를 첨가하는 것도 좋다. 그 밖에도 자양강장 허브인 만삼을 추가하면 통증으로 인해 장시간에 걸쳐 지속된 스트레스를 완화하는 데에도 좋은 효과가 있다.

펜넬 씨 *fennel seed*

과명 : 미나릿과
학명 : 포이니쿨룸 불가레 *Foeniculum vulgare*
효능 : 소화 촉진, 거담, 구풍, 진통 등

©사진, 티블렌딩/한국티소믈리에연구원

마인드스프링 *Mindspring*

집중력 강화에 좋은 허브티

　이 허브티는 장시간 두뇌를 집중적으로 사용할 경우에 안성맞춤이다. 정신력을 북돋워 기억력, 집중력, 학습 능력을 높여 주어 직장이나 학교에서 지력을 많이 사용하는 사람들이 마시면 좋은 효과를 볼 수 있다. 만약 외상성 뇌손상으로 인한 '잔여 인지 기능 장애residual cognitive impairment'를 앓고 있다면 좋은 처방이 될 수 있다. 대표적인 증상으로는 인지 기능의 장애를 동반하는 뇌진탕을 들 수 있다. 이와 같은 경우에 툴시와 고투콜라를 함께 사용하면 스트레스를 줄이고 사고력을 다시 되찾을 수 있다. 툴시는 지친 마음에 젊음과 영감을 불어넣어 주는 매우 좋은 재료이다. 고투콜라는 인도에서 신선한 주스로 갈아서 마시는 허브로서 마음에 활력과 민첩성을 안겨 준다. 단맛이 좋은 만삼의 뿌리는 아시아산 인삼의 훌륭한 대체물로서 신

혼합비/재료

2/고투콜라, 1.5/툴시, 1/페퍼민트, 1/세이지, 1/감초 뿌리,

1/그린 루이보스, 1/만삼.

침출 방법

- **우리기** : 허브티 1~2테이블스푼에 뜨거운 물 1½컵을 부은 뒤 5~10분간 우려낸다.

향미와 효능

- **맛과 향** : 민트, 세이지, 툴시의 진한 아로마 향, 톡 쏘는 맛에 달달한 뒷맛.
- **허브 작용** : 기억력 및 집중력 강화.
- **효능** : 심신 안정.

경계에 활력을 주고 면역력을 증강시킨다. 또한 지혜의 허브로 알려진 세이지는 정신력을 강화시킨다. 그린 루이보스green rooibos는 레드 루이보스에 비하면 단맛과 톡 쏘는 맛이 적지만 항산화 성분의 함량이 더 높고 맛도 더 산뜻하면서 깔끔하다. 감초 뿌리는 보완 작용이 탁월한 허브로 단맛을 내는 동시에 스트레스를 완화하고 면역력을 증강시켜 젊음을 되찾아 줄 것이다.

일반적으로 스트레스를 받으면 학습 능력은 떨어지기 마련이며, 이러한 배움의 과정에서 많은 사람들이 좌절감을 경험한다. 일하고 배우기에 좋은 환경을 구축하는 것이야말로 정신력을 전반적으로 강화시키는 첫걸음이 될 것이다.

페퍼민트 *peppermint*

과명 : 꿀풀과

학명 : 멘타 피페리타 *Mentha piperita*

효능 : 진정, 진경, 위 기능 개선 등

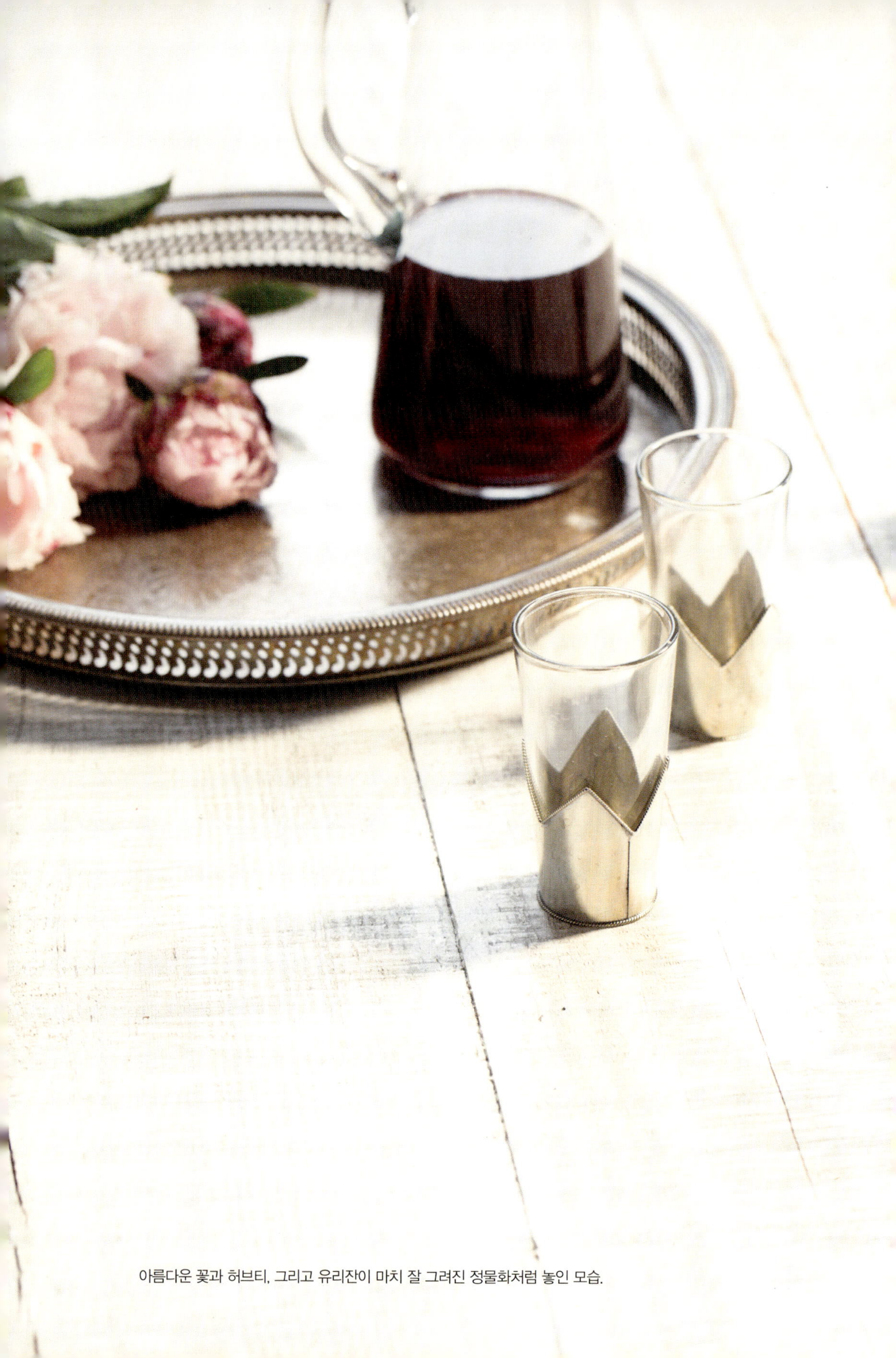

아름다운 꽃과 허브티, 그리고 유리잔이 마치 잘 그려진 정물화처럼 놓인 모습.

제5장

계절별 허브티

봄

앨러지 티_ 스프링 뉴트리티브 티_ 스프링 리바이벌_ 엘레강스 티_
스프링 에이드_ 스프링 스트렝스_ 스프링 토닉_ 클레리티_
스프링 이뮤니티_ 그린 러브_ 웨이크 업

여름

서머 솔스티스_ 서머 솔_ 베리 선티_ 서머 브리즈 선티_
뉴트리티브 선티_ 민트 그린 티_ 레몬 진저 아이스티_
애플 그린 아이스티_ 소울 마테_ 서머 가더스_ 코코넛 그린_
서레너티_ 칠락신_ 너바인 콜드 브루_ 큐컴버_ 서머 칠_ 리바이브_
시소 아이스티_ 블랙 뷰티_ 아이스 초코 차이_ 아이스 차이

가을

제너럴 폴 토닉_ 더 폴_ 멀링 스파이스_ 피스 티_ 브레인 토닉_
골든 가든_ 쿠키차 골드_ 딜라이트_ 허니부시 스파이스_
리프트 더 그레이_비라 프로텍트

겨울

윈터 솔스티스 티_ 미모리어_ 윈터 컴포트_ 리주브네이트_ 디프 웰니스_
파이어 티_ 레이트 윈터 우즈먼 티_ 카와_ 트래블러스 티

사람은 감각과 인식력이 예민하게 발달한 생명체이다. 사람의 건강은 주위 환경에 몸이 얼마나 잘 적응하는지에 달려 있다. 단순히 계절의 변화를 잘 인식하는 것만으로도 엄청난 양의 스트레스를 예방할 수 있는 것이다. 또 우리를 둘러싼 동물과 식물의 성장에도 깊은 관심을 갖는다면 계절의 변화에 따른 사람의 생각과 감정의 변화도 보다 더 정확하게 인식할 수 있을 것이다.

여름과 겨울이 뚜렷하게 구분되는 지역의 사람들은 해마다 몸의 기운(또는 에너지)이 계절의 변화에 맞춰 주기적으로 변한다는 사실을 잘 알고 있다. 그만큼 계절의 변화는 사람의 사고방식과 정서, 행태, 스트레스의 조절 등에 큰 영향을 준다. 그러나 자연의 변화가 사람에게 큰 영향을 주지만, 계절의 변화나 날씨의 변덕이 사람의 모든 행동에 면죄부를 줄 수는 없다. 따라서 계절의 변화가 사람에게 주는 역동적인 영향을 잘 인식하여 계절별 에너지에 조화롭게 적응하기 위해 건강한 습관을 기르는 일이 중요하다. 또한 매일, 매월, 계절마다 자연이 사람에게 선사하는 소중한 기회에 늘 감사하는 방식을 잘 익히는 것도 중요하다. 일상생활에 잘 적응하면 평소에 활력과 기쁨, 그리고 정서적 안정성도 얻을 수 있다.

계절에 따라 사람이 받는 영향과 스트레스는 분명히 다르다. 예를 들면, 무더운 여름철에는 아이스티를 마시면서 몸을 차갑게 유지하고 영양분을 공급해야 활기, 정력, 심혈관 등의 건강을 잘 유지할 수 있다. 반면 추운 겨울철에는 서로 다른 종류의 허브들을 블렌딩한 허브티를 마셔야 몸을 따뜻하게 유지하고 면역력을 높여주면서 피부도 잘 관리할 수 있다. 그런데 계절별로 건강을 유지하기 위해 허브티를 만드는 일은 그다지 복잡하지도 않다.

계절별로 자신의 체질과 건강에 맞는 허브티는 누구나 만들 수 있다. 이 책에 소개된 레시피는 그러한 허브티의 일부에 해당한다. 각자 자신의 건강 상태와 취향에 맞게 더 좋은 방향으로 언제든지 레시피를 수정할 수도 있다.

결국 계절의 변화가 자신의 몸과 마음에 주는 영향을 스스로 예측하여 스트레스를 예방하고 몸에 가해지는 부정적인 영향을 최소화하는 일이 중요하다.

그런데 여름철에 신선한 허브 재료를 사용해 우려내 마시면서 몸을 차갑게 하는 일과 한겨울에 향이 강한 허브티를 뜨겁게 우려내 마시면서 몸의 면역력을 높이는 일은 상호 비교하기가 어려운 상황이다. 사람의 몸은 계절의 변화에 따른 환경 조건에 따라 감각과 에너지를 처리하는 과정도 달라서 허브티도 계절별로 몸에 맞게 달리 마셔야 하는 것이다. 즉 자신이 거주하는 지역의 일반적인 계절성에 따라 사용하는 허브의 종류와 티를 준비하는 방식도 달라져야 한다는 것이다.

사람의 몸은 계절에 따라 일조 시간과 기상, 그리고 에너지의 확장과 수축 정도가 달라지는 사실을 잘 감지하기 때문에 약용 허브의 사용에 변화를 주어야 할 시기도 또한 잘 알고 있다. 예를 들면, 자신의 몸에 지금 현재 따뜻한 것이 필요한지, 차가운 것이 필요한지, 수분이 많은 허브가 필요한지, 건조 효능이 있는 허브가 필요한지 등이다. 따라서 자신이 거주하고 있는 환경과 어떤 관계를 맺고 있는지를 잘 인식하는 일은 건강을 보다 더 쉽게 유지할 수 있는 지름길이기도 하다.

이 장에서는 우리의 건강한 삶을 유지하는 데 도움이 되는 허브티들을 계절별로 맞게 소개한다.

봄

봄은 생명이 다시금 태동하는 시기이다. 겨울이 서둘러 물러남과 동시에 어린잎과 새싹들이 새로이 돋아나기 시작한다. 이제 다가올 봄과 여름에 맞춰 에너지를 관리하고 앞으로의 작업을 순조롭게 진행할 수 있는 방법을 계획하는 시기이다. 봄의 에너지를 최대한 활용하려면 큰 것들을 작은 조각으로 쪼개 궁극적으로 원하는 변화를 이끌어 내야 한다.

정원사들은 대부분 이른 봄을 좋아한다. 씨앗을 뿌리고 화단을 정리하며 피어날 식물들을 파악하고, 지난해 죽은 식물들의 잔해를 제거해 주는 등 즐겁고 신기한 일들이 산재해 있기 때문이다. 또한 봄철 특유의 예측이 불가능한 날씨 변화도 정원사들에게는 생기를 불어넣으면서 정원을 가꾸는 일에 의욕을 일으킨다. 따뜻한 낮이면 식물을 심어야 하지만, 추운 밤이면 낮의 따뜻함이 밤을 뒤덮을 때까지 기다려야 한다. 햇빛, 바람, 우박, 비는 끊임없이 반복된다. 그런데 태양을 보면 밖에 나가 일을 해야 할지, 얼마 후 폭우가 들이닥칠 것으로 예상되어 쉬어야 할지를 가늠할 수 있다. 시시각각 봄이 가져다주는 변화를 예측하느라 지루할 틈이 없다.

봄에 회복되는 생기(에너지)는 모든 생산적인 활동에 힘을 불어넣어 준다. 그동안 소홀하였던 일에 다시 집중할 수 있는 동기를 부여하거나 새로운 일에 도전할 수도 있다.

봄철 중반부까지는 극적이고 급격한 변화와 성장을 보게 되며, 나머지 후반부 동안은 이 상태를 유지한다. 전 생태계가 깨어나는 것이다. 흙에서 자라는 생물이 몸체를 드러내 활동하기 시작하고, 그동안 잠자고 있던 씨앗이 갑자기 움트며, 이른 봄에 핀 꽃들이 화려한 장관을 이룬다. 푸릇푸릇하게 돋아난 새싹들은 머지않아 큰 잎이 되어 하늘을 뒤덮고 여름철의 뜨거운 열기도 가려 줄 것이다.

　이러한 봄철의 예측 불가능한 날씨 변화는 정말 우리 몸의 상태를 혼돈스럽게 만든다. 앞으로 소개할 티는 봄의 변화무쌍함을 반영한 만큼 매우 다양하다. 봄이 다소 다혈질적이기 때문에 우리는 보다 더 유연하게 대응해야 한다. 사람은 자연으로부터 상당히 많은 영향을 받는다. 자신의 몸이 '보내오는 소리(이상 징후)'에 귀기울여 보고, 스트레스가 있는 부위를 알아차리면서 지친 부위를 어루만져 주고, 신체적·정신적인 유연성을 되찾아줄 수 있는 허브티를 즐긴다면 더욱더 좋을 것이다. 봄이 되면 온갖 사념들이 떠오르면서 두뇌의 활동이 활발해지는데, 이때 신경계를 보호하고 근육과 정신적인 에너지를 건강하게 유지하는 것도 좋은 방법이다. 또 싱숭생숭 대는 마음을 가라앉히기 위해 어쩌면 저녁에 신경을 안정시키는 허브티를 마셔야 할 수도 있다. 날씨의 변화에 크게 영향을 받는 체질이면 영양성이 풍부한 블렌딩 허브티나 싱글 허브티를 마셔 수분을 보충하는 것이 좋다.

　다양한 종류의 허브들을 블렌딩한 허브티를 마시면서 육체와 정서 간에 균형을 맞추는 것도 좋은 방법이다. 봄철 허브티의 주요한 맛은 '신맛'이다. 반드시 시트러스나 히비스커스의 향미일 필요는 없다. 그보다는 새로이 성장하는 듯한 시큼한 맛이면 된다. 새싹과 잎이 둥글게 펴지면서 하늘을 향해 치솟았다면 신선하고 어린 향을 내며 유기산의 성분이 풍부하다고 볼 수 있다. 전나무의 날카로운 잎이나 왕고들빼기^{Indian lettuce}의 산뜻한 신맛은 매우 좋은 예이다. 맛과 향이 놀라울 정도로 신선하고 푸릇푸릇하며, 녹색의 싱그러운 에너지를 가져다준다.

앨러지 티 *Allergy Tea*

꽃가루 알레르기의 치료에 좋은 허브티

3월 초순에 이 허브티를 우려내 마시면 건강에 좋다. 현지에서 채집한 네틀, 꿀, 꿀벌 화분^{bee pollen}(꿀벌이 타액으로 뭉친 화분)은 계절성 알레르기의 반응을 줄여 주는 효능이 있다. 단, 봄철 알레르기의 반응이 발생하기 몇 주 전부터 음식이나 허브티로 미리 마셔야 효과를 볼 수 있다.

이 허브티에 사용되는 허브들은 봄철의 꽃가루에 대한 예민한 반응을 줄여 주고, 재채기나 울혈, 부비강 내 염증, 눈물 등의 알레르기 증상을 완화시키는 효능이 있다. 네틀은 천연 항히스타민제^{antihistamine}로서 호흡기 질환을 완화시키는 효능이 있다. 현지에서 채취된 신선한 상태의 또는 잘 말려진 상태의 네틀을 구입하거나 항히스타민제의 대용물로서 네틀을 꼭 사용하고 싶으면 동결 건조된 것도 찾아볼 수 있다. 아이브라이트^{eye bright}는 엘더플라워의 일종으로 붓기를 빼고 충혈된 눈

레시피 | Recipe

혼합비/재료

3/네틀 잎, **1.5**/캐트닙, **1.5**/페퍼민트, **1.5**/아니스 씨앗, **1**/아이브라이트,

1/엘더플라워, **1**/마시멜로 뿌리, **0.5**/레드클로버 꽃,

1/현지에서 채취한 벌의 꽃가루 또는 꿀 1티스푼(선택 사항).

침출 방법

• **우리기** : 허브티 1테이블스푼에 뜨거운 물 1½컵을 부은 뒤 10~15분간 우려낸다.
단맛을 맛보고 싶다면 현지에서 생산된 꿀을 약간 넣어 준다.

향미와 효능

• **맛과 향** : 풀 향, 민트와 아니스 향.
• **허브 작용** : 계절성 알레르기 반응의 완화, 알레르기 증상의 완화.
• **효능** : 부비강 기능의 개선, 면역력 증진, 심신 안정.

의 피로를 풀며 열을 내리는 효능이 있다. 레드클로버^{red clover} 꽃은 거담 효능이 있어 알레르기 증상을 완화하는 허브티의 재료로 오랫동안 사용되어 왔다. 캐트닙(개박하)도 천연의 충혈 완화제로서의 효능을 발휘한다. 마시멜로는 진통제 효능의 허브로서 단맛을 내는 뮤코다당류로 함유하고 있어 부드럽고 말랑말랑한 식감을 주고, 목과 폐의 건조하고 염증이 있는 조직을 진정시킨다.

꿀벌 화분은 꽃가루에 대한 몸의 반응을 둔화시킨다. 이 허브티를 매일 소량씩 복용하면 꽃가루에 알레르기 증상을 보이는 사람들에게 큰 도움이 될 것이다. 꼭 한 번 시도해 볼 만하다!

레드클로브 꽃 *red clover flower*

과명 : 콩과
학명 : 트리폴리움 프라텐세 *Trifolium pratense*
효능 : 에스트로겐 생성, 강심 작용 등

봄철의 싱그러운 기운을 가득 안고 있는 네틀 허브.

네틀(Nettles)

학명 : *Urtica dioica*
분류 : 쐐기풀목 쐐기풀과의 여러해살이풀
원산지 : 온대 및 열대 지역

봄철이 되면 신선하게 채취된, 또는 신선하게 건조된 네틀을 재료로 허브티를 즐겁게 만들어 볼 수 있다. 네틀은 긴 겨울을 지나 다시금 피어나며 약용 식물로서는 제일로 여겨지는 허브이다. 춥고 움직일 수 없는 겨울을 지나 초봄의 차갑고 무거운 빗속에서 늦은 서리를 맞으면서도 겁도 없이 피어나 사람 몸의 조직과 혈액을 다시 생성시키는 훌륭한 효능이 있다. 또한 엽록소, 단백질, 미네랄, 비타민 B, K, A가 풍부해 천연 멀티비타민으로도 알려져 있다.

허브 전문가로 유명한 매튜 우드Matthew Wood는 네틀에 대하여 다음과 같이 묘사할 정도였다.

"네틀의 정신은 노년의 여성이 빗자루나 회초리를 들고 주위 사람들에게 가만히 있지 말고 계속 움직이면서 무엇이든 하라고 채근하는 마음과도 같다."

네틀의 효능은 조직을 강화하고 과잉된 상태를 완화하여 몸 안에 정체되어 있는 에너지를 움직인다. 신장과 콧속이나 입안의 점막에 작용하여 과잉 상태의 점막을 제거하고 균형을 잡아 준다. 그리고 다른 보온 효능의 허브와 함께 봄철이나 겨울철의 허브티를 위해 재료로 많이 사용된다.

네틀을 재배하여 수확할 경우에는 항상 장갑을 착용해야 한다. 네틀 상단 두 번째 층의 줄기를 잡고 조심스럽게 잡아당긴 뒤 세 번째 층의 부위에서 줄기를 자른다. 신선한 네틀로 음식을 만들 경우에는 살짝 데쳐서 사용해야 한다. 너무 익으면 미세 영양소들이 소실되기 때문이다.

봄철은 네틀의 제철인 만큼 많이 먹고 마시는 것이 건강에 이롭다. 특히 리크leek와 네틀을 넣어 만든 수프는 권장할 만하다. 사골 국물에 야생 버섯을 넣어 진하면서도 크리미하다. 또는 마늘, 향신료와 함께 살짝 데치거나 볶아서 먹는 것도 좋다. 토스트에 살짝 데친 네틀을 펴 발라 요구르트나 톡 쏘는 맛의 부드러운 치즈를 깔고, 거기에 레몬이나 샴페인 식초, 다진 마늘, 양파를 뿌린 뒤, 으깬 쿠민cumin, 펜넬, 고수 씨앗을 고명으로 올려 먹어도 훌륭하다.

스프링 뉴트리티브 티 *Spring Nutritive Tea*

세포 조직, 결합 조직에 좋은 허브티

영양성이 풍부한 이 허브티는 맛과 향이 훌륭하다. 장기간 보관되었거나 가공 및 처리된 음식들을 겨우내 먹다가 봄철의 신선하면서 풀 향기로 가득한 이 허브 티를 접하면 정말 마시고 싶은 충동이 생긴다. 이 허브티에 사용된 다양한 허브들 은 사람의 몸과 영혼에 활력을 불어넣는 재료들이다. 대부분의 사람들은 귀리 짚 과 알팔파를 음식이라고 생각하지 않지만, 둘 다 비타민, 미네랄, 단백질 성분이 고 루 함유되어 있어 영양성이 매우 풍부한 음식들이다. 이들 재료로 허브티를 만들 면 섬유질을 가공 및 처리하지 않고도 영양분을 추출해 마실 수 있다. 긴 겨울을 나 고 봄철에 채취한 재료를 사용하기 때문에 기본적으로 영양성이 높아 세포 조직에 도 충분히 공급할 수 있다. 봄에는 몸과 마음이 활동성을 띠는 만큼, 사람은 근육과

혼합비/재료

3/호로파 씨앗, 2/밀키오트 잎, 2/귀리 짚, 2/구기자(고지 베리),
2/민트, 1/알팔파, 1/가시오갈피(시베리아 인삼), 1/아니스 씨앗 1/네틀 잎.

침출 방법

• **우리기** : 허브티 1테이블스푼에 뜨거운 물 1½컵을 부은 뒤 5~20분간 우려낸다. 오래 우릴수록 비타민과 미네랄 성분이 더 많이 침출된다. 20분 이상 우려내는 경우 허브티의 농도가 너무 진해기 때문에 물 2컵을 더 부어도 좋다.

향미와 효능

• **맛과 향** : 밀키오트 잎의 부드럽고 달달한 향, 구기자(고지베리), 아니스 씨앗, 풀의 향이 네틀, 알팔파의 향과 조화를 이룬다.

• **허브 작용** : 영양분 공급.

• **효능** : 자양강장.

뼈, 피와 관절을 생성하고 회복하는 데 꼭 필요한 기본 영양소를 섭취하는 것이 건강에 좋다.

구기자 *goji berry*

과명 : 가짓과

학명 : 리키움 키넨시스 *Lycium chinense Miller*

효능 : 혈행 촉진, 면역력 증대, 혈중 콜레스테롤 감소 등

©사진, 티블렌딩/한국티소믈리에연구원

스프링 리바이벌 *Spring Revival*

비타민과 미네랄을 공급, 원기를 북돋는 허브티

봄철에 마시기에 좋은 영양 만점의 허브티이다. 겨울철에서 봄철로 접어들면 에너지를 주체할 수 없는 날들이 지속된다. 겨우내 움츠려 있었기 때문에 새로운 계절에 몸을 적응시켜 활동을 재개할 필요가 있다. 이 허브티는 비타민과 미네랄 성분을 몸에 충분히 공급하여 몸이 찌뿌둥한 날에 마시면 원기를 회복시킬 수 있다. 단, 카페인이 함유되어 있다는 점을 유의해야 한다.

레시피 | Recipe

혼합비/재료

1/네틀 잎, 1/홍차 (또는 우롱차), 1/펜넬, 0.5/민트, 0.5/로즈페틀.

침출 방법

• **우리기** : 허브티 1테이블스푼에 뜨거운 물 1½컵을 붓고 3분간 우려내 걸러 낸 뒤 다시 4분간 더 우린다. 이때 한 번 우려내고 재료를 걸러 내는 작업이 중요하다. 그렇지 않으면 홍차와 우롱차에서 지나치게 쓴맛이 우러나기 때문이다.

향미와 효능

• **맛과 향** : 짙은 맥아 향 기반에 달콤한 민트 향, 장미 향, 펜넬 향.

• **허브 작용** : 영양 공급, 원기 회복.

• **효능** : 심신 안정.

백차, 로즈페틀, 오스만투스 꽃으로 화려하게 블렌딩된 허브티.

엘레강스 티 *Elegance Tea*

에너지를 공급해 정서에 감흥을 주는 허브티

　백차는 찻잎에서도 볼 수 있듯이 백색의 잔털로 뒤덮여 있어 매우 부드럽다. 찻빛은 밝고, 맛은 부드럽다. 백차를 마시다 보면 봄의 섬세함을 떠올리게 되며, 겨울이 지나고 되찾게 될 자신의 모습도 발견한다. 봄에 날씨가 오락가락하는 상황에서 식물이 순을 틔워 하늘로 향해 올라오는 일은 큰 용기가 필요하다. 사람도 나이가 들수록 계속해서 집중하고 발전을 거듭해야 한다는 점에서는 그러한 식물과 마찬가지이다. 백차는 초봄에 차나무에서 갓 돋은 새싹으로 가공해 만든다. 백차의 상쾌하고 우아한 아로마 향과 맛은 로즈페틀과 오스만투스 꽃의 향미와 완벽한 조화를 이룬다. 오스만투스 꽃은 단맛이 나고 마음을 도취시키는 성질이 있고, 로즈페틀은 맛이 산뜻하면서도 고혹적이다. 이 세 가지의 아름다운 조화는 거의 '기적의 향미'라 할 정도로 우리의 감각을 부드럽게 사로잡는다. 찻잔을 흔들면 진한 꽃향이 올라와 고혹적인 향을 곧바로 맡을 수 있다. 백차의 이루 말할 수 없을 정도의

혼합비/재료

1/백차, **0.5**/로즈페틀, **0.25**/오스만투스 꽃.

침출 방법

• **우리기 :** 카페인 성분이 들어 있는 허브티를 우릴 경우에는 거름망이 내부에 있는 찻주전자나 공부차용 다기를 사용하는 것이 좋다. 허브티를 여러 회에 걸쳐 우려낼 수 있기 때문이다. 이 허브티를 우리기 전에는 다기뿐만 아니라 허브티도 세차해 주어야 한다. 마치 찻잎을 우려내는 것과 같이 허브티에 뜨거운 물을 부어 15초 정도 우린 뒤 물을 버리거나 허브티를 걸러 낸다. 그 뒤 한 번 더 새롭게 뜨거운 물을 붓고 30초 정도 우려낸다. 이 허브티는 향이 감소하기까지 5~6회 내지 많게는 9~10회까지 우려낼 수 있다. 여러 차례 우려내는 과정에서 백차와 꽃의 성분이 점차 침출되면서 맛과 향의 극적인 변화를 경험할 수 있다.

향미와 효능

• **맛과 향 :** 산뜻한 맛, 풀 향, 신선한 백차와 달콤한 오스만투스 꽃과 로즈페틀의 장미 향이 아름다운 조화를 이룬다.

• **허브 작용 :** 활력 증진(에너자이징), 정신 고양.

• **효능 :** 심신 안정.

섬세한 향뿐 아니라, 꽃 향과는 대조적인 흙 향도 맡을 수 있다. 한 번 찻물을 홀짝거리면서 마시면 감각적으로 매우 깊은 맛이 당신을 따뜻하게 감싸 안으면서 에너지를 공급해 정서에 감흥을 줄 것이다.

로즈페틀 *rose petal*

과명 : 장미과
학명 : 로사 켄티폴리아 *Rosa centifolia*
효능 : 진정, 변비 개선, 수렴 작용 등

스프링 에이드 *Spring Aid*

근육 재형성, 자양강장에 좋은 허브티

비타민이 풍부하게 든 이 허브티는 독창적이면서도 톡 쏘는 맛이 일품이다. 이 허브티가 고안된 목적은 운동을 한 뒤에 마시는 스포츠 음료의 용도이다. 전해질과 미네랄이 다량으로 함유되어 있어 편의점에서 판매되는 스포츠 음료와 같이 인공 또는 천연 착향료의 성분이 전혀 들어 있지 않지만, 맛이 매우 좋고 향도 신선하다. 이 허브티는 근육을 형성시켜 주고, 에너지를 공급하여 지친 몸의 회복 속도를 높여 준다. 따라서 활동량이 많은 사람들에게는 매우 훌륭한 자양강장제가 된다.

봄이 오면 신선한 공기를 마시면서 운동에 나서는 것만큼 기분이 좋은 일도 또 없을 것이다. 사람의 몸은 봄 특유의 다양한 가능성과 잠재력으로 인해 기분이 좋

혼합비/재료

4/로즈힙, **3**/레몬밤, **3**/생강, **3**/오렌지필, **3**/레몬그라스,

3/오미자, **2**/시나몬.

침출 방법

• **우리기** : 허브티 1테이블스푼에 뜨거운 물 1½컵을 부은 뒤 4~8분가량 우려낸다.

향미와 효능

• **맛과 향** : 산뜻한 단맛과 신맛, 매운 생강과 향긋한 시나몬의 적절한 조화.

• **허브 작용** : 갈증 해소, 영양 공급, 조직 형성.

• **효능** : 근육 강화.

은 상태가 된다. 장시간 걷거나 자전거를 탈 경우에 스포츠 허브티를 휴대해 다니며 섭취하면, 몸에 수분을 유지하면서도 만족도도 더 높여 줄 수 있다.

오렌지필 *orange feel*

과명 : 운향과

학명 : 키트루스 시넨시스 *Citrus sinensis*

효능 : 소화 촉진, 진정, 식욕 증진 등

©사진. 티블렌딩/한국티소믈리에연구원

스프링 스트렝스 *Spring Strength*

여성 생식기관의 건강에 좋은 허브티

몸에 공급되는 영양분과 정서적인 건강은 매우 밀접한 관련이 있다. 맛이 좋고 영양분도 풍부하여 몸의 건강에 좋은 허브티를 마시면 자연히 자신감이 생기고 힘이 솟는 것과 같은 이치이다.

이 허브티는 '스트렝스 티(82페이지 참조)'보다 몸의 보온 효능이 더 높다. 맛이 좋고 향이 진하면서 봄철에 가장 사랑을 받는 허브들로 만들기 때문에 여성들이 매일 마셔도 좋다. 근육 조직과 뼈를 형성시키고 여성 생식기관의 건강을 회복시킬 뿐만 아니라, 기분 전환에도 좋고 소화력도 높여 준다. 이 허브티를 마시면 활기찬 생명력을 느끼면서 건강을 증진하는 효과도 볼 수 있다.

레시피 | Recipe

혼합비/재료

1/네틀 잎, 1/라즈베리 잎, 1/펜넬, 1/민트, 0.5/생강, 0.5/로즈페틀.

침출 방법

• **우리기** : 허브티 1테이블스푼에 뜨거운 물 1½컵을 부은 뒤 8분 이상 우려낸다.

향미와 효능

• **맛과 향** : 감초, 민트, 장미의 황홀한 향, 진한 흙 향, 향신료와 민트 향.

• **허브 작용** : 영양 공급, 자양강장.

• **효능** : 몸 기관의 기능을 증진.

민들레, 우엉 뿌리, 생강, 감초 등 각종 허브들로 블렌딩해 우려낸 허브티.

©사진, 티블렌딩/한국티소믈리에연구원

스프링 토닉 *Spring Tonic*

체력 보강, 근육 재형성, 면역력을 높이는 허브티

　몸에 유익한 영양소를 전부 달여서 침출한다고 할 수 있을 정도로 일반적인 의미의 자양강장 음료이다. 일상생활 속에서 몸은 다양한 요인의 스트레스를 받는데, 그 스트레스로부터 몸을 보호하기 위해 고안된 허브티이다. 겨울 동안에 사람의 몸은 둔해지고 에너지는 내부로 향한다. 그러나 봄이 찾아오면 에너지는 외부로 향한다. 따뜻한 날 밖으로 나가 활동을 시작하면 겨우내 상대적으로 앉아서 시간을 보내던 때보다 몸이 피로와 한계를 더 많이 느낀다. 체력을 보강하고 근육을 재형성하며 면역력을 강화하고 소화력을 높이기 위해 고안된 이 허브티는 총제적인 의미의 '웰빙 티^wellbeing tea'인 것이다. 이 허브티를 대량으로 만들어 둔 뒤에 물을 첨가해 희석시켜 마시면 봄철에 건강을 유지하는 데 좋다.

레시피 | Recipe

혼합비/재료

1/민들레 뿌리, 1/우엉 뿌리, 0.5/생강, 0.5/시나몬,
0.5/만삼, 0.25/영지버섯, 0.25/황기, 0.25/감초 뿌리.

침출 방법

• **달이기** : 뚜껑이 있는 병에 허브티 2테이블스푼과 상온의 물 4컵을 붓고 약한 불에
20~60분간 달인다. 이어 허브티를 걸러 내고 약간 차게 식힌 뒤 즐기면
된다.

향미와 효능

• **맛과 향** : 흙 향, 단맛, 매운맛, 약간 쓴맛.
• **허브 작용** : 영양 공급.
• **효능** : 일반적인 자양강장.

민들레 잎 *dandelion leaf*

과명 : 국화과
학명 : 타락사쿰 오피키날레 *oTaraxacum officinale*
효능 : 소화 촉진, 식욕 증진 등

©사진, 티블렌딩/한국티소믈리에연구원

클레리티 *Clarity*

소화를 촉진하고 신경계를 강화하는 허브티

백차는 봄과 초여름에 마시면 완벽하다. 맑고 명징하며 항산화 성분이 다량으로 들어 있어 에너지를 공급해 준다. 생강과 시나몬도 면역력과 소화력을 높이는 데 매우 좋은 재료이며, 온도차가 심한 일상의 환경에서 몸의 균형을 되찾아 준다.

중국 허브인 오미자는 소화를 촉진하고 신경계에 기운을 더해 주는 효능이 있다. 레몬밤은 오래전부터 신경 안정제로 사용한 훌륭한 허브로서 레몬그라스와 함께 화사한 시트러스 향을 선사한다. 로즈힙도 톡 쏘는 듯한 단맛을 내면서 비타민 C를 풍부하게 공급한다. 이들 재료는 모두 소염 효능이 있다.

이 허브티는 따뜻해질 날씨에 대비하기 위한 음료이다. 소화력을 높여 주고, 날

혼합비/재료

2/백차, 1/로즈힙, 0.5/생강, 0.5/시나몬, 0.5/레몬그라스,
0.25/오미자, 0.25/레몬밤, 0.25/오렌지필.

침출 방법

• **우리기 :** 허브티 1티스푼에 뜨거운 물 1½컵을 부은 뒤 2분간 우려낸다. 체로 걸러
내고 다시 4~5분간 우려낸다.

향미와 효능

• **맛과 향 :** 단맛, 신맛, 매운맛의 환상적인 조화, 산뜻하고 톡 쏘는 맛이 일품.
• **허브 작용 :** 에너지 강화, 면역력 증강, 영양 공급, 자양강장.
• **효능 :** 심신 안정, 면역력 강화, 피부 진정.

씨가 화창해지면 당기는 단맛과 매운맛에 대한 욕구도 안정시킨다. 건강에 이롭지
않은 탄산음료보다도 이 허브티를 마시는 것이 건강에 훨씬 더 도움이 된다.

오렌지필 *orange feel*

과명 : 운향과
학명 : 키트루스 시넨시스 *Citrus sinensis*
효능 : 소화 촉진, 진정, 식욕 증진 등

©사진, 티블렌딩/한국티소믈리에연구원

스프링 이뮤니티 *Spring Immunity*
항균, 보온, 면역력의 효능이 좋은 허브티

　향신료가 첨가된 이 허브티를 마시면 몸에 열이 나면서 궁극적으로는 땀을 내는 효과가 있다. 허브티나 음식에 향신료를 넣으면 발열 효능이 더해지면서 병원균의 증식이 억제되는 효과가 있다. 열이 생기면서 몸 안의 이질 단백질^{foreign protein}이 변성되는 것이다. 이는 감기에 걸렸을 경우에 몸에 열이 나는 것과 같은 원리이다. 병원균에 감염되었을 때 균을 제거하기 위해 몸에서 스스로 열을 내는 것이다.

　면역력을 높이는 허브로 유명한 에키네이셔^{echinacea}는 항균 효능이 있어 이 허브티의 재료로 적당하다. 쓴맛이 강한 에키네이셔는 병에 걸린 뒤 곧바로 복용해야 큰 효과를 볼 수 있다. 이와 같은 이유로 에키네이셔는 다른 허브들과 블렌딩하여 면역력을 높이는 허브티를 만드는 데 자주 사용된다.

　생강은 몸을 건강하게 유지할 수 있는 자양강장 허브이다. 매일 섭취하면 몸 안에 누적된 양만큼 면역력도 높아진다. 항균, 보온, 소염의 효능이 있고, 소화기계를

혼합비/재료

1/툴시, 1/생강, 1/민트, 0.5/레몬그라스, 0.5/에키네이셔,
0.1/붉은고추^{cayenne}(카옌).

침출 방법

• **우리기** : 허브티 1테이블스푼에 뜨거운 물 1½컵을 부은 뒤 5~10분간 우려낸다.

향미와 효능

• **맛과 향** : 달콤하면서 쌉쌀한 맛과 뚜렷한 매운맛.

• **허브 작용** : 면역계 강화.

• **효능** : 항균, 면역력 증진.

촉진하고, 메스꺼움과 욕지기가 나는 증상도 완화한다. 신경계의 자양강장제로 사용되는 툴시는 면역계를 강화하여 균에 감염되는 즉시 몸을 빠르게 회복시킨다. 한마디로 툴시는 신경계의 강력한 영양제인 것이다. 마지막으로 레몬그라스와 민트는 맛의 균형을 잡아 주고, 기분을 좋게 하며, 휘발성 에센셜 오일로 부비강을 청결하게 한다.

병에 걸렸을 때 빠른 회복을 원한다면 이 허브티를 적극 권장한다. 발한, 항균 효능이 월등하여 봄철 감기에 걸렸을 경우에 한두 잔씩 마시면 그 효과를 톡톡히 볼 수 있다.

에키네이셔 *Echinacea*

과명 : 국화과
학명 : 에키나케아 푸르푸레아 *Echinacea purpurea*
효능 : 항바이러스, 항균, 소염, 면역 증진

©사진, 티블렌딩/한국티소믈리에연구원

그린 러브 *Green Love*

봄의 신선한 향미를 선사하는 허브티

황홀한 봄의 맛을 선사하는 영양 만점의 허브티이다. 일본 녹차인 센차煎茶, sencha tea의 산뜻하고 풍부한 풀 향이 봄의 진수를 보여 준다. 한마디로 만물이 재탄생하는 계절의 신선한 맛과 향을 가까이 두고 즐기고 싶은 사람들을 위한 허브티이다.

혼합비/재료

5/센차, 2.5/밀키오트 잎, 1/네틀 잎, 1/레드클로버 꽃

침출 방법

• **우리기** : 허브티 2테이블스푼에 뜨거운 물 1½컵을 부은 뒤 짧은 시간 동안 몇 차례 우려낸다. 한 번 우릴 때 2분을 넘기지 않도록 한다. 그 이유는 허브에서는 영양분이 최대한 우러나도록 하고, 센차에서는 쓴맛이 과도하게 우러나는 것을 막기 위한 것이다.

향미와 효능

• **맛과 향** : 뚜렷한 풀 향, 달달한 곡물 향.
• **허브 작용** : 영양 공급, 에너지 공급.
• **효능** : 일반적인 조직 강화, 심신 안정.

봄의 기운이 담긴 센차, 네틀, 레드클로버 꽃 등이 블렌딩된 허브티.

©사진, 티블렌딩/한국티소믈리에연구원

웨이크 업 *Wake Up*

비타민과 미네랄을 공급하는 허브티

카페인 성분이 든 강력한 모닝 티이다. 향미가 신비롭고 맛도 훌륭한 기문 홍차 祁門紅茶, keemun tea가 들어가 있어 하루를 시작하기에 좋은 허브티이다. 약간 달콤하고 쌉쌀한 맛이 있어 아침에 식사를 한 뒤 마시면 소화력을 높일 수 있다. 호손은 심혈 관계의 기능을 강화하는 자양강장 허브로서, 심장의 물리적, 정서적인 건강을 관리한다. 아침 일과로서 이 허브티를 마시면 비타민과 미네랄 성분을 공급하여 혈액 순환이 좋아질 뿐만 아니라 활동성도 높여 준다. 점심에 식사한 뒤 다소 나른하고 무기력할 때 이 허브티를 마시면 곧바로 기운을 차릴 수 있다.

또한 흙 향을 포함해 달콤하면서도 쌉쌀한 맛을 기반으로 하지만 강렬한 시트러스 향, 찻잎에 뿌려진 그윽한 향신료의 향이 고도로 조화를 이루면서 마음을 한

혼합비/재료

2/기문 홍차, 2/오렌지필, 1.5/툴시, 1.5/로즈힙, 1.5/호손 잎과 꽃,
1/호손베리, 1/레몬그라스, 1/시나몬, 1/네틀 잎, 1/아니스 씨앗.

침출 방법

• **우리기** : 허브티 1테이블스푼에 뜨거운 물 1½컵을 부은 뒤 약 4분간 우려내고 체로 걸러 내면 완성이다. 그 뒤 추가로 4분을 더 우려내면 완전히 색다른 맛을 즐길 수 있다.

향미와 효능

• **맛과 향** : 쓴맛, 단맛, 매운맛, 흙 향이 골고루 뒤섞임.
• **허브 작용** : 에너지 보충, 심장계의 건강 증진, 영양 공급.
• **효능** : 심혈관 질환의 개선, 심신 안정, 근골격계 강화.

껏 즐겁게 해 준다. 기문 홍차, 호손, 툴시, 네틀이 기본 향미를 이루고, 여기에 오렌지필과 레몬그라스가 첨가되어 시트러스 향이 기분을 좋게 만든다. 이와 함께 시나몬, 호손베리, 아니스 씨앗, 로즈힙이 선사하는 달콤함은 매우 사랑스럽다. 미식가라면 혀에 은은하게 감도는 툴시의 얼얼함을 곧바로 느낄 것이다. 그리고 툴시는 흔한 재료이지만 그 효능은 매우 놀라운 허브이다.

네틀 잎 *nettle leaf*

과명 : 쐐기풀과
학명 : 우르티카 디오이카 *urtica dioica*
효능 : 정혈, 조혈, 이뇨 작용 등

여름

여름철, 도시에서 차량을 타고 농장으로 돌아갈 때 차창을 열면 그 자연의 향과 아름다움에 압도된다. 이 순간에는 뇌의 기능이 멈추고 몸이 편안해지며 집으로 향하는 친숙한 길로 발걸음을 옮기는 듯하다. 걷는 곳곳마다 꽃과 잎과 과일과 씨앗이 내뿜는 휘발성 에센셜 오일의 강한 향을 느낄 수 있다.

봄과 여름이면 자연 에너지에 영향을 받아 사람의 에너지는 외부로 향한다. 사람은 감각적으로 외부에서 나는 소리에 주의를 기울이며, 머리로 분석하기보다는 온몸의 감각으로 느낀다. 여름이 되면 새로운 자신을 만나면서 모든 감각을 열어 두고 주변에 몰두해 보길 바란다. 더운 열기에 자신을 던져 놓고 여름의 화려한 아름다움에 마음의 창을 여는 것이다.

낮이 가장 긴 하지가 되면 그 뒤로는 지구의 중심축이 바뀌며 낮이 짧아지기 시작한다. 식물은 이러한 변화를 일찍 감지하여 7월초에 여름 꽃을 화려하게 피우고 번식에도 에너지를 더 많이 집중한다. 이 시기의 꽃은 약간 쓴맛과 떫은맛이 나지만 특유의 황홀한 향으로 사람들을 압도시킨다. 사람마다 다르겠지만 허브티에 즐겨 사용하는 꽃 재료로는 린든, 호손, 장미이다. 몸과 마음이 지나치게 흥분된 상태이거나 염증이 있는 경우에는 스컬캡(황금), 민들레, 금영화California poppy 등의 쓴맛이 나는 허브를 첨가하면 몸의 조직에서 열을 내리는 효과를 볼 수 있다.

여름이 한창 진행되면 과일은 익어 가면서 단맛의 총체를 보여 준다. 이는 허브티의 블렌딩 재료로서 다양하게 활용할 수 있는 부분이다. 단맛이 난다는 것은 영양분이 풍부하다는 것을 의미하는데, 그 단맛의 허브들은 보통 몸에 수분을 공급하여 열을 내리는 효능이 있다. 여름철에 단맛을 내는 주요 허브로서 블렌딩에 자주 사용되는 재료에는 맬로mallow(아욱), 감초와 같이 뮤코다당류의 성분이 함유된 것들이 있다. 이 밖에도 밀키오트 잎, 옥수수수염, 우엉, 베리류, 과일 등이 있다.

여름철의 왕성한 기세가 차츰 수그러지면 사람들은 머지않아 닥쳐 올 겨울을 대비하여 자연의 재료를 가공 및 처리하여 미리 비축해야 한다는 사실을 본능적으로 느낀다. 신선하고 생명력이 넘치는 영양 식품들을 생명체가 자라지 않는 추운 겨울에도 그 맛과 향을 온전히 보관 및 유지하려면 부지런히 움직여야 하는 것이다. 그러나 대부분의 사람들은 다른 계절에 비해 여름에는 상대적으로 스트레스를 적게 받는다고 생각한다. 여름철의 허브티는 수면을 유도하고 근육을 재생할 뿐만 아니라 심혈관계도 강화하고 소화도 촉진한다. 그리고 뜨거운 여름날 오후에 몸의 열기도 식혀 준다. 특히 녹차는 신선한 맛과 카페인 성분으로 인해 기운을 고양시켜 자연을 탐색할 준비를 마치게 한다. 여름에 마시는 아이스티는 설탕 대신에 과일을 재료로 사용하는 것이 대부분이다.

여름철은 겨울철에 비하면 먹을거리가 풍성하여 매우 호화롭고 사치스러운 계절이다. 산지에서 자란 싱그러운 허브와 화려하게 조리된 음식에 깊은 관심을 갖고 계절의 맛을 즐겨 보길 바란다. 그리고 다채로운 맛과 향들은 건강에도 매우 유익하기 때문에 여름철에 특히 즐겨 볼 것을 권한다. 음식을 입에 넣으면 그 성분들이 소화되면서 신진대사의 작용이 일어나 몸의 일부가 된다. 여름은 한마디로 몸을 가장 완벽하게 만들 수 있는 음식과 허브 재료들을 보다 심도 있게 이해하고 즐겨 볼 수 있는 완벽한 시간이다.

©사진, 티블렌딩/한국티소믈리에연구원

서머 솔스티스 *Summer Solstice*

신장의 기능을 개선하고 신경을 안정시키는 허브티

봄과 여름철에 나는 가장 좋은 허브를 사용하여 숲과 정원의 파릇파릇한 활기를 전해 주는 허브티이다. 6월 중순까지 미송 잎Douglas fir tip은 성숙하면서 색상과 질감이 점점 깊어진다. 허브티의 재료로서 안전성만 확보되면 산지에서 자라는 다른 침엽수의 잎을 사용해도 좋다. 미송 잎은 보통 24절기의 하나로 6월 21일경인 하지 이전의 것이 색상이 가장 밝고 질감이 부드럽다. 가장 생명력이 넘치는 상태이기 때문에 보통 이 시기의 것을 수확하여 말려서 많이 사용한다. 미송 잎은 보통 '인내와 힘'을 상징한다. 여름철의 무더위와 겨울철의 폭설로부터 사람들을 보호하며 계절과 맞서 싸우기 때문이다.

미송 잎은 흙 향이 매우 풍부하면서 송진 향과 시트러스 향도 난다. 그리고 향긋

레시피 | Recipe

혼합비/재료

1/미송 잎, **1**/호손 잎과 꽃, **1**/네틀 잎, **1**/민트,
1/로즈페틀, **1**/아니스 씨앗.

침출 방법

- **우리기** : 허브티 1테이블스푼에 뜨거운 물 1½컵을 부은 뒤 4~8분간 우려낸다.

향미와 효능

- **맛과 향** : 선명하고 신선한 맛, 아로마 향.
- **허브 작용** : 영양 공급.
- **효능** : 심신 안정, 심혈관계 기능 증진, 자양강장.

한 장미와 민트는 기분을 전환시켜 즐겁게 해 주고, 호손 잎과 꽃은 신체적, 정서적인 상태를 유지해 준다. 낮이 가장 긴 하지에는 아니스가 정원에서 꽃이 만발하여 절정을 이룬다. 아니스의 순한 감초 향은 허브티의 맛과 향에 균형을 잡아 주고 약간의 단맛을 낸다. 아이스티로 마시는 경우에는 아니스의 향이 더욱더 두드러진다.

그리고 맛의 깊이를 더해 주는 네틀은 미네랄 성분을 공급하여 신장의 건강을 유지하고 신경을 안정시키는 효능이 있다. 미송 잎, 호손, 네틀은 보통 봄에 채취한 뒤 건조시켜 사용한다.

로즈페틀 *rose petal*

과명 : 장미과
학명 : 로사 켄티폴리아 *Rosa centifolia*
효능 : 진정, 변비 개선, 수렴 작용 등

©사진. 티블렌딩/한국티소믈리에연구원

서머 솔 *Summer Sol*

수분을 공급하는 자양강장의 허브티

봄의 에너지가 최대한 발산되고 나면 여름이 본격적으로 찾아온다. 날씨는 더워지면서 태양은 점차 적도로 향한다. 이는 식물들이 꽃과 과일과 씨앗을 생산하는데 에너지를 더 많이 사용해야 한다는 신호탄이기도 하다. 이 허브티는 한마디로 '태양을 축복하는 티'이다.

레시피 | Recipe

혼합비/재료

   1/미송 잎(삼나무나 가문비나무의 잎도 좋다), **1/**로즈힙, **1/**툴시,
   0.75/히비스커스, **0.5/**금잔화.

침출 방법

• **우리기** : 허브티 1테이블스푼에 뜨거운 물 1½컵을 부은 뒤 4~8분간 우려낸다.

향미와 효능

• **맛과 향** : 톡 쏘는 맛, 툴시와 미송 잎의 신선한 향을 기반으로 히비스커스의 신맛,
   로즈힙의 향이 조화.

• **허브 작용** : 수분 공급 작용.

• **효능** : 자양강장.

허브 상식

■ 선티(Sun Tea) ■

신선한 공기, 제철 과일과 허브, 충분한 일광이 적절히 조화를 이루면, 비록 다양한 재료들의 혼합이라도 총체적인 결과로서 맛이 산뜻하고 갈증을 시원하게 해소할 수 있는 음료를 충분히 만들 수 있다. 선티의 경우에는 갓 채취한 신선한 허브나 건조 허브를 사용해 간단하게 만들 수 있다. 메이슨자에 허브 재료들을 넣고 물을 부은 뒤 따뜻하고 햇볕이 잘 드는 곳에 몇 시간 동안 그냥 두면 된다. 선티를 다 만들면 냉장고 보관하여 차게 마시거나 따뜻하게 데워서 마시면 된다. 여름철에 땀을 많이 흘리는 사람들은 비타민과 미네랄 성분이 풍부한 허브와 과일을 함께 넣어 진한 맛의 선티를 만든 뒤 물이 든 병에 한두 컵 정도 넣어 희석시켜 마시면 몸을 재충전할 수 있다.

대부분의 사람들은 선티를 레시피대로 정확하게 만들기보다는 즉흥적인 느낌에 의존해 만드는 경우가 많다. 즉 재료로 사용되는 과일과 허브들이 그때그때 느낌에 따라서 달라지는 것이다. 스트레스가 심한 날에는 레몬밤, 로즈페틀, 저먼 캐모마일을 넣는다. 몸의 활동이 많은 날에는 네틀이나 라즈베리 잎을 넣고, 가시오갈피도 추가한다. 소화를 촉진하려면 신선한 생강을 빻아 넣거나 민트와 펜넬을 넣으면 된다. 오로지 '몸에서 보내오는 소리'를 듣고 허브티를 블렌딩하는 것이다. 물론 자유롭게 블렌딩하는 일은 큰 재미도 안겨 준다.

*참고 : 선티를 우려내는 과정에서 설탕을 첨가한 상태로 햇볕 아래 오래 두면 불필요한 세균들이 증식할 수 있다. 꿀이나 기타의 감미료는 선티를 우린 뒤(그리고 우려낸 선티를 냉장고에 보관하기 전)에 넣는 것이 가장 좋다.

©사진, 티블렌딩/한국티소믈리에연구원

베리 선티 *Berry Sun Tea*

무더위 갈증 해소에 효능이 좋은 허브티

달달하면서 톡 쏘는 맛은 여름철 갈증 해소 음료의 특징이기도 하지만 몸에 필수 영양소도 공급한다. 이 허브티는 신선한 허브와 과일에 건히비스커스를 넣어 맛이 특히나 훌륭하여 점심을 간단히 먹을 때나 오후에 간식을 먹을 때 마시면 더욱더 좋다. 아침을 이 허브티와 함께하면 하루 일과를 활기차게 시작할 수 있다. 갓 채취한 신선한 재료를 사용하였기 때문에 맛이 매우 섬세하고 미묘하여 '찰나의 영감'을 선사한다.

레몬 *lemon*

과명 : 운향과
학명 : 키트루스 리몬 *Citrus limon*
효능 : 감기 예방, 피부 건강, 피로 해소

혼합량/재료

2컵/신선한 베리, **1자밤/**신선한 민트 잎, **1온스/**건히비스커스,

1개/레몬 슬라이스.

침출 방법

• **우리기** : 뚜껑이 있는 병에 물 2쿼트^quart를 담고 모든 재료를 섞어 햇볕 아래 1~3시간 정도 둔다. 그리고 힘차게 흔든 뒤에 체로 걸러 낸다. 달달한 맛을 원하는 경우에는 현지에서 채취된 꿀을 소량으로 넣으면 된다. 차게 마시고 싶으면 얼음을 넣으면 된다.

향미와 효능

• **맛과 향** : 달콤한 베리, 시큼한 히비스커스, 향긋한 민트, 산뜻한 레몬의 신선한 맛.

• **허브 작용** : 해열 작용, 수분 공급, 기분 전환.

• **효능** : 심혈관계 개선 등.

신선한 베리와 민트, 그리고 레몬이 잘어울리는 선티.

히비스커스, 로즈메리, 레몬 등을 블렌딩해 맛도 산뜻한 선티.

©사진. 티블렌딩/한국티소믈리에연구원

서머 브리즈 선티 *Summer Breeze Sun Tea*

몸의 온도를 내려 주는 허브티

허브들의 블렌딩이 비교적 쉽고 재미있을 뿐 아니라 향미도 일품인 허브티이다. 산뜻하고 가벼운 느낌이면서도 매콤한 향미의 허브티로 뜨거운 여름날에 몸의 갈증을 해소하고 몸의 온도도 낮춰 준다.

레시피 | Recipe

혼합량/재료
1자밤/신선한 민트 다진 것, **½개/**레몬 슬라이스, **¼온스/**히비스커스, **1개/**신선한 생강 간 것(½인치 길이), **1개/**신선한 로즈메리 잔가지.

침출 방법
• **우리기 :** 뚜껑이 있는 병에 물 4컵을 부은 뒤 허브티를 넣는다. 햇볕 아래 1~3시간 정도 둔다. 그리고 힘차게 흔들어 준 뒤 체로 걸러 낸 다음에 꿀 1테이블스푼을 첨가해 마시거나 얼음을 넣어 마시고 나서 냉장고에 보관하는 것이 좋다.

향미와 효능
• **맛과 향 :** 단맛, 신맛, 향신료 향, 과일 향.
• **허브 작용 :** 기분 전환, 체력 강화, 기분 개선, 소화 촉진.
• **효능 :** 심혈관계 개선, 소화 촉진.

©사진, 티블렌딩/한국티소믈리에연구원

뉴트리티브 선티 *Nutritive Sun Tea*

피부와 근육에 에너지를 공급하는 허브티

사람은 여름철이면 활동량이 많아지고 땀을 쉽게 흘리기 때문에 영양분을 충분히 공급해야 한다. 세포에 영양분이 공급되어야만 피부와 근육에 에너지를 지속적으로 공급하고, 수분 함량도 적절히 유지할 수 있기 때문이다. 이 허브티는 다섯 종류의 허브들이 재료로 사용되는데, 뒤뜰의 정원에서 쉽게 재배할 수 있는 것들이다. 또한 용도에 맞춰 신선한 허브든, 건조 허브든 언제든지 바꿔 사용할 수 있다.

레시피 | Recipe

혼합비/재료

1/네틀 잎, 1/신선한 라즈베리 잎 또는 말린 것, 1/신선한 민트(또는 건조 민트), 0.5/로즈페틀, 0.5/신선한 레몬밤 (또는 말린 것).

침출 방법

• 우리기 : 뚜껑이 있는 병에 물 4컵을 부은 뒤 허브티 2~3테이블스푼을 넣는다. 햇빛 아래 1~3시간 정도 놓아둔 뒤 힘차게 흔들어 준다. 체로 걸러 낸 뒤 얼음을 넣어 마시거나 냉장고에 1시간 정도 보관한 뒤에 마신다.

향미와 효능

• 맛과 향 : 가볍고 약간의 흙 향, 민트 향, 꽃 향, 시트러스 향.

• 허브 작용 : 영양 공급.

• 효능 : 자양강장.

■ 아이스티 (또는 콜드 인퓨전) ■

아이스티나 콜드 인퓨전cold infusion을 만드는 가장 일반적인 방법은 온침법으로서 티(또는 허브티)를 뜨거운 물에 우린 뒤에 냉장고에 넣어 보관하는 것이다. 허브의 몸에 좋은 성분과 고농도의 향을 완전히 침출하는 방식이다. 또 하나의 방법은 냉침법으로서 뚜껑이 있는 병에 허브 재료를 넣고 차가운 물을 부은 뒤 차가운 장소에 보관하는 것이다. 보통은 냉장고에 보관해 갈증을 느낄 때 꺼내 시원하게 마실 수 있도록 준비한다.

냉침법은 허브와 과일에 함유된 소중한 영양분을 최대한으로 활용할 수 있는 방식이다. 이 냉침법은 온침법보다 식물성 화학 성분인 피토케미컬phytochemical의 다양한 성분들을 추출할 수 있다. 또한 온도에 민감한 비타민이나 미네랄 성분들도 온전한 상태로 추출할 수 있다. 아이스티를 온침법으로 만든 것과 냉침법으로 만든 것에는 그 맛과 향에서 매우 큰 차이가 있다.

냉침법의 아이스티에서는 기본적으로 허브티의 자연적인 향미를 온전히 느낄 수 있다. 선티와 냉침법은 결과적으로는 비슷하지만, 냉침법은 선티보다 더 오랜 기간 냉장고에 보관할 수 있고, 맛과 향도 더 복합적이고 섬세할 뿐 아니라 그 지속 기간도 훨씬 더 길다.

홍차나 녹차는 냉침법으로 간단히 우려낼 수 있으며, 그 맛과 향도 매우 훌륭하다. 또한 허브 재료들의 사용에 따라 다양하게 블렌딩해 볼 수 있다. 신선한 과일과 허브를 넣고 차게 우려낸, 맛있고 상쾌한 아이스티(또는 콜드 인퓨전)를 즐겨 보길 바란다.

©사진. 티블렌딩/한국티소믈리에연구원

민트 그린 티 *Mint Green Tea*

상쾌한 향이 훌륭한 허브티

이 허브티에서는 신선한 민트를 사용하는 것이 가장 중요하다. 텃밭에서 곧바로 채취한 신선한 민트는 싱그러운 맛이 강하고 상쾌한 향이 중독성이 있어 재스민 티와 함께 마실 경우에 그 입맛이 매우 훌륭하다. 가볍고 산뜻하게 마시고 싶은 경우에는 라임 껍질이나 라임 주스를 함께 넣어 마시면 더 좋다.

레시피 | Recipe

혼합비/재료

  1/재스민 티,

  1/신선하거나 건조시킨 페퍼민트, 라임 주스 및 라임 껍질(선택 사항).

침출 방법

• **냉침법** : 뚜껑이 있는 병에 허브티 2테이블스푼을 넣고 물 4컵을 붓는다(라임이 들어간 주스나 라임 껍질을 넣어도 좋다). 그 뒤 냉장고에 2시간 동안 보관한다.

향미와 효능

• **맛과 향** : 섬세하고, 달콤하고, 재스민의 그윽한 향, 페퍼민트의 산뜻한 향.

• **허브 작용** : 수분 공급, 기분 상승, 원기 회복.

• **효능** : 심신 안정.

©사진, 티블렌딩/한국티소믈리에연구원

레몬 진저 아이스티 *Lemon Ginger Iced Tea*

에너지를 공급하는 효능의 허브티

여름철 한낮에 맥이 빠졌을 때 온몸에 활기를 채워 주는 처방전의 허브티이다. 신선한 레몬이나 꿀을 넣어 직접 레모네이드를 만들거나 시중에 판매되는 것을 구입하여 사용해도 된다. 홍차를 차갑게 우릴 경우에는 부드러우면서도 살짝 단맛이 난다. 이는 차가운 물로 홍차를 우리면 쓴맛 성분이 추출되지 않기 때문이다.

레시피 | Recipe

혼합량/재료

1컵/레모네이드, ½컵/물, 2티스푼/홍차,
1개/신선한 생강 또는 생강 간 것(½인치 길이).

침출 방법

• 냉침법 : 뚜껑이 있는 병에 허브티와 차가운 물 ½컵을 넣고 냉장고에 1시간 이상 보관한다. 진한 홍차의 맛을 느끼고 싶다면 하룻밤 동안 냉장고에 보관한다.

향미와 효능

• 맛과 향 : 홍차의 맥아 향, 시큼털털한 레몬 향과 매운 생강 향의 오묘한 조화.
• 허브 작용 : 에너지 공급(에너자이징), 기분 전환, 수분 공급.
• 효능 : 심신 안정, 소화 촉진, 자양강장.

©사진, 티블렌딩/한국티소믈리에연구원

애플 그린 아이스티 *Apple Green Iced Tea*

몸과 마음을 안정시키는 허브티

여름철에 달달한 아이스티는 설탕 함유량에 상관없이 그 인기가 절정으로 치솟는다. 물론 설탕 대신에 과일 주스를 넣어 당분 함유량이 적은 아이스티도 맛이 좋아 인기가 높다. 이 허브티는 특별한 점심 식사나 저녁 식사 뒤에 마시면 좋다.

허브티에 단맛을 낼 경우에 주스의 단맛을 활용하면 매운맛, 시큼한 맛, 쓴맛을 조화롭게 유지할 수 있다. 사람들은 다양한 향미가 나는 허브티를 만들고 싶어 한다. 그러한 면에서 이 허브티는 '달달한' 아이스티에 신선한 생강을 넣어 향미도 매우 다양하다.

애플 *apple*

과명 : 장미과
학명 : 말루스 푸밀라 *Malus pumila*
효능 : 혈압 강하, 피부 미용, 동맥경화 예방, 혈중 콜레스테롤 감소

혼합량/재료

1컵/물, **½컵**/애플 주스, **2테이블스푼**/무가당 크랜베리 주스,

1자밤/신선한 민트 저민 것, **2티스푼**/녹차, **1티스푼**/신선한 생강 간 것,

½개/레몬 껍질.

침출 방법

• **냉침법** : 뚜껑이 있는 병에 각종 재료들을 넣고 물 1컵을 부은 뒤 냉장고에 하룻밤
　　　　　동안 보관하여 체로 걸러 내 마신다.

향미와 효능

• **맛과 향** : 단맛, 매운맛, 신맛, 과일 향.

• **허브 작용** : 기분 전환, 수분 공급, 체온 강하.

• **효능** : 심신 안정, 자양강장.

사과 주스에 생강, 민트 등이 블렌딩된 다양한 향미의 허브티.

©사진, 티블렌딩/한국티소믈리에연구원

소울 마테 *Sol Mate*

기분 전환에 좋은 허브티

　뜨겁게 또는 차갑게 마시거나 여름의 생기 있는 맛을 한데 버무린 듯한 맛이 나고, 카페인 함량도 매우 높은 허브티이다. 흙 향, 민트 향, 시트러스 향, 꽃 향이 완벽한 조화를 이루어, 마시는 사람의 입맛을 진정으로 만족시킬 것이다. 실제로 이 허브티의 맛과 향에 강한 친밀감을 느끼는 사람도 많다. 건조 허브들이 한데 어우러진 복합적인 향에서부터 컵에 마지막으로 남은 한 모금을 마시는 순간의 맛까지 매우 미묘한 변화가 다채롭게 펼쳐진다. 특히 민트와 레몬그라스가 부드럽게 어우러진 맛에 오스만투스의 달달한 꽃 향은 취할 만하다. 또한 초본 식물의 허브 향이 뚜렷하게 풍기는데, 이는 예르바 마테^{yerba maté}의 전형적인 특징으로서 이 허브티 향미의 기반을 이루고 있다. 첨가된 엘더베리의 새콤한 과일 향은 완벽한 동시에 린든의 약간 단맛과 조화를 이룬다. 그리고 페퍼민트는 마테의 강하고 자극적인 맛을 잡아 준다. 강렬하고 자극적인 허브티의 향미에 균형을 잡아 줄 경우에는 영양이 풍부하고 신경계를 보호해 주는 효능의 허브를 사용하면 좋다.

　이 허브티에 코를 갖다 대고 숨을 깊이 들이쉬면 에너지가 충만해지는 듯한 기분이 든다. 그리고 차갑게 우려내 마셔도 다양한 스펙트럼의 맛과 향이 입맛을 사로잡는다.

혼합 비/재료

1/예르바마테, 0.5/레몬그라스, 0.5/페퍼민트, 0.5/오스만투스 꽃,
0.5/엘더베리, 0.25/린든, 0.25/예르바산타(yerba santa).

침출 방법

• **온침법** : 허브티 1테이블스푼에 뜨거운 물 1½컵을 부은 뒤 4~8분간 우려낸다.
• **냉침법** : 뚜껑이 있는 병에 허브티 2테이블스푼을 넣고 물 4컵을 부은 뒤 냉장고에
  2시간 이상 보관하여 체로 걸러내 마시면 된다. 단맛을 선호하면 꿀을 소
  량으로 첨가해 마시면 된다.

향미와 효능

• **맛과 향** : 달콤한 린든, 엘더베리, 오스만투스 꽃의 자극적인 조화, 민트, 레몬그라
  스, 예르바마테의 입안을 감도는 풍부한 향.
• **허브 작용** : 에너지 공급, 기분 전환, 영양 공급.
• **효능** : 심신 안정.

예르바마테, 오스만투스 꽃, 레몬그라스 등 화려한 허브들의 블렌딩 아이스티.

©사진. 티블렌딩/한국티소믈리에연구원

서머 가더스Summer Goddess

간과 심혈관계의 기능을 개선하는 허브티

향미가 산뜻하고 영양이 풍부한 톡 쏘는 맛의 허브티이다. 선티로 만들거나 차가운 물로 우려낼 수도 있다. 몸에서 열을 내려 주는 효능이 있으며, 여기에 간의 기능을 돕는 국화를 첨가하면 건강에 더욱더 좋다. 또한 비타민과 미네랄이 풍부하여 스트레스에 대한 몸의 저항력도 길러 준다.

소국 *chrysanthemum*

과명 : 국화과
학명 : 크리산테뭄 인디쿰 *Chrysanthemum indicum*
효능 : 항균, 항염, 항바이러스, 항산화, 해열 등

혼합비/재료

1/툴시, 0.5/민트, 0.5/히비스커스, 0.5/라즈베리 잎,
0.5/펜넬, 0.25/국화.

침출 방법

• **냉침법** : 뚜껑이 있는 병에 허브티 3테이블스푼을 넣고 물 4컵을 부은 뒤 따스하거나 햇빛이 잘 드는 장소에 1~3시간 정도 보관한다. 힘차게 흔든 뒤 체로 걸러 내고 냉장고에 보관한다. 얼음을 넣어 차게 마시면 더 좋다.

향미와 효능

• **맛과 향** : 약간 신맛과 달콤하면서 쌉쌀한 맛. 민트와 펜넬의 조화.
• **허브 작용** : 자양강장, 영양 공급, 간 기능 개선, 체온 강하.
• **효능** : 심혈관계 개선, 심신 안정.

허브 상식

▪ 땀의 훌륭한 기능! ▪

여름철의 더운 열기는 우리 몸에서 땀을 흘리도록 만들어 건강에 도움을 준다. 매운 음식이나 음료를 마실 경우에도 땀이 배출되어 증발하면서 몸의 온도를 내려 준다. 이러한 땀의 배출은 신진대사의 작용으로 생긴 노폐물을 내보내면서 몸을 정화시키고 기분도 활기 있게 만들어 준다. 그 결과로 갈증 상태에 놓일 때 영양성이 높은 아이스티를 마시면 무더운 여름철에도 몸의 건강을 잘 유지할 수 있다.

사람들은 더운 열기와 땀이 나는 것을 대개 싫어하지만, 갈증 상태에서 수분을 지속적으로 공급해 주는 경우에 이와 함께 보충되는 에너지도 생각해 보길 바란다. 예를 들면, 깨끗한 물을 많이 마시고 온종일 신선한 허브와 과일이 블렌딩된 허브티를 마시면, 더운 여름철에도 놀라울 정도의 청정한 기분을 느낄 수 있는 것이다.

©사진, 티블렌딩/한국티소믈리에연구원

코코넛 그린 *Coconut Green*

영양을 공급하고 세포 손상도 억제하는 허브티

볶은 코코넛은 이와는 전혀 상반된 향미를 풍기는 섬세한 녹차에 환상적인 견과류의 향을 더해 준다. 코코넛야자의 열매인 코코넛은 연중 여름철 기후인 열대 지방에서 재배된다. 적도 지역에서는 여름철에 영양을 완벽하게 보충시켜 주는 작물이다. 녹차에는 항산화 성분인 플라보노이드flavonoid와 카테킨catechin 성분이 풍부히 들어 있다. 이 카테킨은 여러 질병들을 예방해 주는 플라보노이드의 한 종류로서 산화로 인한 세포의 손상을 억제하는 비타민 C나 E보다 그 효능이 월등히 높은 것으로 밝혀졌다. 또 녹차를 규칙적으로 마실 경우에 또 다른 이점은 혈압을 내리고, 심장계 질환의 위험도 대폭 낮춰 준다는 것이다.

녹차는 찻잎이 갓 돋아날 때 따서 열을 가해 산화 과정을 억제시켜 만든다. 특히 도인녹차道人綠茶는 다른 녹차들보다 항산화 성분이 훨씬 더 많이 함유된 것으로 알려져 있다. 중국 저장성浙江省의 명산인 다오런봉道人峰에서만 독점적으로 생산되고,

혼합비/재료

1/도인녹차(또는 취향에 맞는 녹차), 0.5/볶은 코코넛.

침출 방법

- **온침법** : 허브티 1테이블스푼에 뜨거운 물 1½컵을 부은 뒤 2분간 우려낸다. 체로 곧바로 걸러 낸 뒤 두세 번 정도 1~2분씩 다시 우려낸다.
- **냉침법** : 뚜껑이 있는 병에 허브티 2테이블스푼을 넣고 차가운 물 3컵을 붓는다. 세차게 흔든 뒤에 냉장고에 두 시간 정도 보관한 다음에 체로 걸러 내면 완성이다. 진정 맛있는 허브티를 맛보고 싶나면 약간의 라임 껍질과 설탕을 넣어 주면 된다.

향미와 효능

- **맛과 향** : 가벼운 맛, 볶은 코코넛 향에 꽃 향이 나는 녹차.
- **허브 작용** : 에너지 공급.
- **효능** : 심신 안정.

녹차의 이름은 고대 이곳에서 수행하였던 도교 신자를 이르는 '도인(道人)'에서 유래되었다. 그 옛날 도인들이 심혈을 기울여 직접 재배 및 생산하였던 이 녹차는 오늘날 전 세계의 사람들이 공유하면서 즐겁게 마시고 있다. 다오런봉의 고지대에서만 생산되는 이 녹차는 미세한 발효 과정을 거치면서 꽃 향과 타닌 성분의 맛이 두드러진다. 이로 인해 티를 처음 접하는 사람들도 매우 좋아한다.

코코넛 *coconut*

과명 : 종려과
학명 : 코코스 누키페라 *Cocos nucifera* L.
효능 : 살균, 탈취, 항산화, 항바이러스 등

©사진, 티블렌딩/한국티소믈리에연구원

서레너티 *Serenity*

근골격을 강화하는 데 좋은 허브티

'고요하고 평온한 상태'를 유지하는 효능이 강한 허브티이다. 비타민 및 미네랄 성분과 함께 기분을 호전시키는 향이 듬뿍 들어 있어, 여름철에 몸과 마음을 재충전시켜 생활을 활기차게 시작하는 데 큰 도움이 된다.

레시피 | Recipe

혼합비/재료

4/밀키오트 잎, 1.5/엘더베리, 1/호손 잎과 꽃, 1/린든 잎과 꽃, 1/펜넬, 1/시나몬, 1/레몬그라스, 0.25/오스만투스 꽃.

침출 방법

• **냉침법** : 뚜껑이 있는 병에 허브티 2테이블스푼을 넣고 물 4컵을 부은 뒤 냉장고에 2시간 정도 보관한다. 그리고 흔들어서 체로 걸러 내면 완성이다.

향미와 효능

• **맛과 향** : 풀 향, 시트러스 향, 베리 향, 꽃 향, 곡물 향이 완벽한 조화를 이룬 균형감.
• **허브 작용** : 영양 공급, 심장계 강화, 기분 전환, 정신 고양.
• **효과** : 심혈관계 개선, 심신 안정, 근골격 강화.

▪ 계절과 자기관리 ▪

대자연 속에서 오두막집을 짓고 살면서 계절의 변화에 따른 역학 관계를 다년간 관찰하고 정보를 구축하면, 자신이 처한 상황을 바라보는 관점에도 변화가 생길 것이다.

그러면 스스로에게 과할 정도의 자기 검열과 직업윤리의 의식, 깊은 관심사와 더불어 기분의 변화에 기인하는 두려움도 정면으로 응시할 수 있다. 예를 들면, 무더위가 기승을 부리는 여름철에는 몸이 쉽게 무기력해지고 지치기 때문에 의도한 만큼 일이 진척되지 않아 목표를 달성하지 못하는 경우가 많다. 이때 생기는 우울증은 자신이 처한 상황이 계획으로 설정한 목표와 괴리가 클수록 쉽게 찾아온다. 여름철 뙤약볕 아래에서 정원이나 밭을 가꾸는 일로 보통 10~12시간가량을 보내는 경우에는 몸이 휴식을 간절히 원할 것이다. 이러한 경우에는 일과 업무에서 잠시 한 걸음 물러나 자신의 몸에서 들려오는 소리에 귀를 기울여야 한다.

계절이 순환하면서 경험하는 몸의 반응에 따라 사람도 일과 감정을 스스로 관리하는 방법을 익혀야 한다. 자신의 기조를 유지하면서 합당하다고 생각하는 만큼의 자존감을 지녔을 때야 말로 자신의 일을 수십 년에 걸쳐 지속적으로 진행해 나갈 수 있기 때문이다. 여름철에는 대자연 속에서 시간을 보내면서 휴식을 취하는 것이 좋다. 또한 몸이 편하다고 느껴지는 대로 일을 진행하는 것도 좋다. 특히 무더위에 지치고 힘들 경우에는 일들의 의미에 우선순위를 부여하면서 기분에 맞게 일을 잘 안배해 볼 필요도 있다. 여름은 휴양의 계절인 만큼 가족이나 친구들과 좋은 관계를 맺고 생활의 리듬을 늦춰 주위의 자연 환경이 주는 즐거움도 만끽해 보길 바란다. 이때 자신이 자연 생태계의 한 일부라는 생각으로 주위의 자연 환경과 교감을 나눠 본다면 우리는 더욱더 건강한 기분을 느낄 수 있을 것이다.

©사진, 티블렌딩/한국티소믈리에연구원

칠락신 *Chillaxin*

근골격 이완 및 신경계를 진정시키는 허브티

거의 여름철에만 블렌딩해 마시는 매우 재미있는 허브티이다. 주요 재료인 카바는 산지인 하와이나 폴리네시아섬들의 원주민들이 우려내 즐겨 마시는데, 차가운 물로만 우려내 마시는 것이 큰 특징이다. 초본 식물이나 허브는 본래 산지에서 사용하는 방법을 그대로 따르는 것이 중요하다. 마찬가지로 카바도 차가운 물로 우려내 냉장고에 보관한 뒤 마실 것을 권한다. 카바의 뿌리는 경직된 뼈와 근육을 이완시키는 효능이 있다. 근육을 과도하게 사용하는 사람이 카바를 우려내 마실 경우에는 매우 큰 효과를 볼 수 있다.

카바는 기본적으로 입술과 혀가 살짝 마비되는 듯한 얼얼함이 있으며, 우려내 한 잔 마신 뒤에도 몇 분간 그 감각이 지속되기 때문에 일부 사람들에게는 맛과 식감이 매우 불쾌하게 느껴질 수도 있다.

혼합비/재료

1/카바 뿌리, 1/레몬그라스, 1/밀키오트 잎, 1/건베리 (종류 무관),
0.75/신선한 생강 또는 간 것, 0.25/감초 뿌리, 0.25/로즈메리.

침출 방법

• **냉침법** : 뚜껑이 있는 병에 허브티 2테이블스푼을 넣고 차가운 물 3컵을 부은 뒤 흔들어 준다. 냉장고에 4시간 이상 보관한 뒤 틈틈이 뒤흔들어 준다. 그 다음에는 원하는 시기에 체로 걸러 내 마시면 된다.

향미와 효능

• **맛과 향** : 단맛, 과일 향, 시트러스 향, 흙 향.
• **허브 작용** : 진정 효과.
• **효능** : 근골격 이완, 심신 안정.
* **주의 사항** : 임신 상태이거나 간 질환이 있는 사람은 카바의 섭취를 삼가야 한다.

이 허브티는 카바와 함께 다른 허브들을 블렌딩하여 얼얼한 맛과 감각을 많이 완화하였기 때문에 그 맛에서 부드러움을 느낄 수 있다. 차가운 물에 우리면 레몬그라스는 달콤한 꽃 향을 선사한다. 밀키오트 잎은 신경계에 영양을 공급하면서 긴장을 풀어 주고, 건베리류는 비타민을 공급하여 단맛과 시큼한 맛의 균형을 잡아 준다.

로즈메리 *rosemary*

과명 : 꿀풀과
학명 : 로스마리누스 오피키날리스 *Rosmarinus officinalis*
효능 : 항산화, 소화 기능 개선, 혈액 순환 촉진

Herb Spotlight

카바(Kava)

학명 : *Piper methysticum*
분류 : 후추나무속 양고나나무
원산지 : 북태평양제도 및 하와이

폴리네시아가 원산지인 카바는 태평양 도서 지역의 원주민들이 수세기에 걸쳐 섭취해 왔다. 일반적으로 카바에서 뿌리만을 취해 신선한 상태로 차가운 물에 우려내 마신다. 뿌리만 취하는 이유는 이 식물의 지상부에는 독성 성분이 들어 있기 때문이다. 따라서 태평양의 도서 지역에 사는 원주민들은 뿌리 외에 다른 부위를 절대로 섭취하지 않는다.

전통적인 카바 음료는 맛이 탁하면서 입안의 조직을 빠르게 마비시킨다. 인터넷상에 게재된 카바의 내용들 중에는 잘못된 지식들이 많다. 오늘날에는 카바의 약성에 관해 수많은 연구들이 진행되고 있다.

하와이와 폴리네시아 지역의 일부 원주민들은 진하게 우린 카바를 저녁에만 20잔 이상씩 상당한 양으로 마신다는 이야기도 있다. 그로 인해 원주민들은 심하게 걷거나 말을 많이 해도 근육이 경직되는 일도 없이 유연한 상태를 계속 유지할 수 있다고 한다.

또한 카바는 적은 양을 섭취해도 부지불식간에 근심과 불안을 없애 주고 근육의 긴장을 이완시키는 효능이 있다. 카바 전문점에서 카바를 우려내 마셔 보면 입안을 마비시키는 것이 마치 진흙을 먹는 기분과도 같다. 이와 같이 카바는 맛과 향이 썩 좋지 않지만 근육과 심신을 이완시키는 효능으로 인해 태평양 도서 지역의 원주민들이 수세기 동안 마셔 왔을 정도로 허브로서의 명성은 대단히 높다.

©사진, 티블렌딩/한국티소믈리에연구원

너바인 콜드 브루 *Nervine Cold Brew*

수면을 유도하는 데 좋은 허브티

여름철에 더운 열기가 거세지면 신경이 날카로워지고 곤두서게 된다. 더운 날에는 잠 못 이루는 밤이 많으며, 잠자리에 들어도 몸이 들썩여지고 성가신 듯한 기분이 든다. 이 허브티를 미리 만들어 두고 저녁에 마시면 잠자리에 들기 좋다. 이 허브티에 재료로 사용되는 허브들은 신경계의 열을 내려 주고 기분을 산뜻하게 전환시키는 효능이 있어 잠자리에 들기에 앞서 우리 몸을 휴식 상태로 만들어 줄 것이다.

레시피 | Recipe

혼합비/재료
1/라즈베리 잎, 1/네틀 잎, 1/민트, 0.5/스컬캡(황금),
0.5/로즈페틀, 0.5/저먼 캐모마일.

침출 방법
• **냉침법** : 뚜껑이 있는 병에 허브티 2테이블스푼을 넣고 차가운 물 3컵을 부은 뒤 냉장고에 2시간 이상 보관한다.

향미와 효능
• **맛과 향** : 식물 향, 초본식물의 맛, 로즈페틀, 캐모마일, 민트가 조화를 이룬 화려한 향.
• **허브 작용** : 영양 공급, 진정 작용.
• **효능** : 조직 강화, 심신 안정.

©사진. 티블렌딩/한국티소믈리에연구원

큐컴버-할라페뇨 브리즈 *Cucumber-Jalapeño Breeze*

에너지를 공급하고 염증을 해소하는 허브티

상큼하고 매운맛이 나는 이 허브티는 여름철에 쉽게 재배할 수 있는 허브와 향 신료를 사용해 재미있게 블렌딩할 수 있다. 클래식한 멕시코풍의 블렌드로서, 에 너지를 내는 녹차를 기반으로 감귤류와 실란트로^{cilantro}(고수 잎), 멕시코산의 매운 고 추인 할라페뇨를 블렌딩해 만든다. 채로 썰어 넣는 오이는 염증이 생긴 조직을 시원하게 풀어 주는 효능이 있다. 이 밖에도 신선한 민트는 상쾌한 향을 더해 주 고, 꿀은 달달한 맛을 추가해 준다. 더운 날 마시면 이보다 더 좋을 수가 없는 허브 티이다.

혼합량/재료

1티스푼/녹차, **1개/**오이 썬 것(중간 크기), **1개/**라임 슬라이스,
¼개/할라페뇨 슬라이스, **약간/**고수(잔가지), **약간/**신선한 민트(잔가지 일부),
1테이블스푼/꿀.

침출 방법

• **냉침법 :** 뚜껑이 있는 병에 모든 재료들을 넣고 차가운 물 4컵을 부은 뒤 냉장고에
   하룻밤 동안 보관한다.

향미와 효능

• **맛과 향 :** 식물 향이 강한 녹차의 맛. 신선한 할라페뇨, 오이, 라임, 실란트로(고수)를
   사용해 환상적인 즐거움을 선사.
• **허브 작용 :** 수분 공급, 체온 강하.
• **효능 :** 심혈관계 기능 개선.

할라페뇨 *jalapeño*

과명 : 고추속
학명 : 캡시쿰 안눔 *Capsicum annuum*
효능 : 감기 예방, 항균, 다이어트 효능 등

©사진, 티블렌딩/한국티소믈리에연구원

서머 칠 Summer Chill

몸의 온도를 내려 주는 허브티

진한 여름의 맛을 느낄 수 있는 허브티이다. 상큼하게 톡 쏘는 맛의 히비스커스와 레몬그라스가 열대 과일의 향미를 선사하고, 린든, 실론 종 시나몬, 건베리류가 단맛을 제공한다. 아이스티로는 최상의 허브티이다. 무더위가 한창인 여름철에 청량한 수분감을 안겨 준다. 이 허브티는 뜨겁게 또는 차갑게 마셔도 맛이 훌륭하다.

레시피 | Recipe

혼합비/재료

3/히비스커스, 2/레몬그라스, 2/건베리류, 1/린든, 1/실론 종 시나몬

침출 방법

• **온침법** : 허브티 1테이블스푼에 뜨거운 물 1½컵을 부은 뒤 4~8분간 우려낸다.
• **냉침법** : 뚜껑이 있는 병에 허브티 2테이블스푼을 넣고 차가운 물 3컵을 부은 뒤 냉장고에 2시간 이상 보관한다.
• **아이스티** : 허브티 1테이블스푼에 뜨거운 물 1½컵을 부은 뒤 4~8분간 우린 다음에 매우 차갑게 식힌다.

향미와 효능

• **맛과 향** : 단맛, 신맛의 허브와 실론 종 시나몬, 레몬그라스의 향이 가미된 베리 향.
• **허브 작용** : 수분 공급, 체온 강하.
• **효능** : 자양강장.

히비스커스, 레몬그라스, 건베리류로 블렌딩한 상큼함 맛의 아이스티.

©사진, 티블렌딩/한국티소믈리에연구원

리바이브 *Revive*

여름철 수분을 공급하는 허브티

찌르는 듯한 태양의 열기는 여름철을 잔인한 계절로 만든다. 이때 신선한 민트의 향이 나는 허브티를 마시면 수분을 공급해 몸과 마음을 시원한 상태로 만들어 준다. 이 허브티는 매우 매혹적이며 갈증을 해소해 주는 효능이 높다. 민트는 여름철에 몸의 온도를 낮춰 주는 매우 좋은 허브로, 특히 아이스티를 만들 때 좋은 재료이다. 단맛을 좋아하는 사람들을 만족시키기에 충분할 정도로 당도가 높다. 건조한 지역에 사는 사람들은 펜넬과 마시멜로 뿌리와 같은 재료들로 수분을 공급하면 된다. 뜨거운 물이나 차가운 물로 우려내 냉장고에 보관하여 언제든지 마셔도 좋다.

혼합비/재료

2/허니부시, **1/**스피아민트, **1/**페퍼민트, **1/**펜넬 또는 마시멜로 뿌리 0.5 (선택 사항)

1/바닐라빈(블렌딩 티 1파운드당),

0.25/레몬 껍질 또는 레몬 껍질이 들어간 주스(1컵 기준).

침출 방법

• **온침법** : 허브티 1테이블스푼에 뜨거운 물 1½컵을 붓고 4~8분간 우린다.
• **냉침법** : 뚜껑이 있는 병에 허브티 2테이블스푼을 넣고 차가운 물 3컵을 붓는다. 그런 다음에 냉장고에 2시간 이상 보관한다.

향미와 효능

• **맛과 향** : 긴장을 완화시키는 민트, 신선한 레몬 향, 단맛과 톡 쏘는 맛의 허니부시 향, 기분을 좋게 하는 바닐라 향.
• **허브 작용** : 수분 공급, 몸의 온도 강하.
• **효과** : 자양강장.

마시멜로 뿌리 *marshmallow root*

과명 : 아욱과
학명 : 알타이아 오피키날리스 *Althaea officinalis*
효능 : 폐, 기관지 질환 등의 예방

©사진. 티블렌딩/한국티소믈리에연구원

시소 아이스티 *Shiso Iced Tea*

소화를 촉진하고 면역력을 높이는 허브티

　바질과 아니스를 동시에 맛보는 듯한 이국적이면서도 매운맛의 굉장한 허브티이다. 시소Shiso(쑤예)는 여름철 정원에서 손쉽게 재배할 수 있다는 면에서 접근성에서 매우 이상적이다. 보통 갓 딴 신선한 형태로 주로 사용하며, 건조된 형태로는 잘 사용하지 않는다. 시소는 산지에서 다양한 색상과 종류로 굉장히 아름다운 형태로 생산되고 있다. 색상으로는 보라색, 녹색, 얼룩무늬의 것이 있다. 신선한 아니스 향 속에서 아삼 티Assam tea의 맥아 향과 민트의 시원한 향이 교묘하게 혼재되어 이어진다. 이 허브티는 뜨거운 물 또는 차가운 물에서도 우려낼 수 있고, 우린 뒤에는 냉장고에 넣어 보관하면 된다.

레시피 | Recipe

혼합비/재료

2.5/아삼 티, 1/시소(신선한 것 또는 건조한 것), 0.75/민트,

0.25/감초 뿌리, 1/레몬 에센셜 오일(1방울) 또는 레몬 껍질 소량(1컵당).

침출 방법

• **온침법** : 허브티 1테이블스푼에 뜨거운 물 1½컵을 부은 뒤 4~8분간 우려낸 다음에
레몬의 에센셜 오일이나 껍질을 첨가한다.

• **냉침법** : 뚜껑이 있는 병에 허브티 2테이블스푼과 물 4컵을 부은 뒤 레몬의 에센셜
오일이나 껍질을 첨가한다. 그런 다음에 냉장고에 2시간 이상 보관한다.

향미와 효능

• **맛과 향** : 약간 단맛, 맥아 향, 아니스와 유사한 향, 향긋한 민트 향, 신선하고 활력을
주는 시트러스 향.

• **허브 작용** : 에너지 상승, 기분 전환.

• **효능** : 심신 안정, 소화 촉진, 면역력 증진.

민트 잎 *mint*

과명 : 꿀풀과
학명 : 멘타 아르베니스 *Mentha arvensis L.*
효능 : 해열, 소염, 건위, 쓸개즙 분비 촉진 등

©사진, 티블렌딩/한국티소믈리에연구원

블랙 뷰티 *Black Beauty*

정신을 고양시키는 효능의 허브티

민트와 로즈페틀, 즉 장미의 특성이 조화를 잘 이룬 허브티이다. 특히 두 허브의 향은 경쟁하듯이 서로를 이끌며 잘 어우러진다. 다만 소량으로 사용할 경우에는 장미의 화려한 향이 민트의 식물 향보다 우위에 서면서 날카로운 듯한 느낌을 한층 더 부드럽게 한다. 이와 같은 이유로 로즈페틀과 민트로는 다양한 향미의 허브티를 만들 수 있으며, 그 자체로도 감각을 새롭게 일깨워 준다.

일반적으로 로즈페틀은 카르다몸과 시나몬 등과 같은 향신료와도 잘 어울린다. 또한 로즈페틀은 다른 허브의 아름다운 향을 미묘하게 이끌어 주고 확장시켜 준다. 이 허브티는 가을철에 뜨겁게 마셔도 훌륭하다.

혼합비/재료

1/홍차, **1/**신선한 민트 잎(또는 간 것), **0.5/**로즈페틀.

침출 방법

• **온침법** : 허브티 1테이블스푼에 뜨거운 물 1½컵을 부은 뒤 4~8분간 우려낸다.

• **냉침법** : 뚜껑이 있는 병에 허브티 2테이블스푼을 넣고 차가운 물 4컵을 부은 뒤 냉장고에 2시간 이상 보관한다.

향미와 효능

• **맛과 향** : 맥아 향이 나는 아삼 티(홍차) 기반에 달달한 민트 향과 장미의 꽃 향.

• **허브 작용** : 에너지 공급, 정신 고양.

• **효능** : 심신 안정.

홍차와 민트, 그리고 로즈페틀의 장미 향이 절묘한 조화를 이룬 허브티.

©사진, 티블렌딩/한국티소믈리에연구원

아이스 초코 차이 *Iced Choco-Chai*

에너지 공급 및 심신 안정 효능의 허브티

단순해 보이지만 실은 매우 복합적인 허브티이다. 볶은 카카오 껍질^{cacao chaff}과 부드럽고 그윽한 향미의 여러 향신료들을 함께 블렌딩하여 에너지를 북돋워 주고 몸과 마음을 안정시킨다. 이 허브티는 특히 차가운 물에 우렸을 때 맛과 향이 더 좋으며, 식사를 마친 뒤에 디저트로 즐겨도 일품이다.

레시피 | Recipe

혼합비/재료

   3/생강, 2.5/시나몬, 2.5/펜넬, 2.5/카르다몸, 2/볶은 카카오 껍질,
   2/홍차(선택 사항), 1.5/차가버섯, 0.5/흑후추.

침출 방법

- **냉침법 :** 뚜껑이 있는 병에 허브티 2테이블스푼을 넣고 차가운 물 4컵을 붓는다. 단맛을 더해 주기 위해 꿀 1티스푼을 넣어 주어도 좋다. 다 넣고 나면 냉장고에서 2시간 이상 보관한다.

향미와 효능

- **맛과 향 :** 부드럽게 볶은 카카오 껍질, 단맛과 매운맛의 폭넓은 조화.
- **허브 작용 :** 에너지 공급, 면역계 강화, 소화계 강화.
- **효능 :** 심신 안정, 소화 촉진, 면역력 증진.

©사진, 티블렌딩/한국티소믈리에연구원

아이스 차이 *Iced Chai*

마음을 진정시키고 면역력을 증강시키는 허브티

여름철에 재미있는 배리에이션 작업을 통해 맛볼 수 있는 허브티이다. 모든 종류의 홍차가 다 잘 어울리지만, 그중에서도 타이완산의 '포르모사 홍차formosa black tea'가 특히 잘 어울린다. 포르모사 홍차는 부드럽고 향긋하면서 약간의 과일 향이 난다. 여기에 신선한 생강을 넣으면 산뜻하면서도 시트러스 향에 가까운 신선한 맛을 줄 수 있다. 그러한 맛의 허브티를 좋아하지 않으면 생강의 사용량을 줄이면 된다. 이 허브티는 달달한 맛으로 마음을 진정시키는 효능이 있어 디저트로도 많이 마신다.

혼합비/재료

3/신선한 생강(간 것), **1**/펜넬, **1**/시나몬, **0.5**/카르다몸,

0.25/너트메그(육두구), **0.25**/감초 뿌리, 꿀, 또는 설탕, 아삼 티(홍차).

농축액 침출법

뚜껑이 있는 냄비에 향신료 ¼컵을 넣고 물 5컵을 부은 뒤 약한 불에 15분간 조린다. 다 조렸으면 불을 끄고 꿀이나 설탕 2테이블스푼을 넣는다. 이렇게 만든 농축액은 냉탕이나 냉장고에 넣어 식혀 준다. 다 식으면 아삼 티 4테이블스푼을 넣고 다시 냉장고에 2시간 이상 보관한다.

아이스 차이 준비하기

차이 농축액을 체로 걸러 낸 뒤 얼음을 넣고 그 위에 우유 ¼컵을 붓는다.

향미와 효능

• **맛과 향 :** 단맛, 매운맛.

• **허브 작용 :** 에너지 공급, 면역계 강화

• **효과 :** 자양강장.

카르다몸 *cardamom*

과명 : 생강과

학명 : 엘렛타리아 카르다모뭄 *Elettaria cardamomum*

효능 : 식욕 증진, 소화 촉진, 점액 분비 촉진 등

가을

여름철의 무더운 공기가 물러가고 서늘해지면, 가을의 산들바람이 불어와 우리의 집중력과 에너지, 그리고 열정을 점차 내부로 돌리게 한다. 덥고 건조한 여름철을 지난 뒤라 습도가 다소 높지만, 시원한 산들바람에 사람들은 마음의 위안을 받을 것이다. 상쾌하고 시원한 아침이면 근육이 수축되고 에너지를 비축해 우리의 몸은 따뜻한 상태로 유지하려고 서서히 변해 간다.

정원용 도구를 정리하고, 가을철 작물들을 수확하고, 식량을 비축하고, 씨앗을 보관하는 작업은 다음 해를 준비하는 올해의 '마지막 작별 인사의 일'이라고 할 수 있다. 사람들은 가을을 저마다 사랑한다. 외부 세계의 일들을 정리함과 동시에 성공적인 수확에 대한 감사와 축하의 뜻을 표하고, 휴식과 회복의 시기로 들어가기 위한 휴식의 장을 제공하기 때문이다. 우리 주위의 세계를 탐험하는 여름철을 전부 보낸 뒤의 가을은 자신의 내면과 자신이 속한 공동체로 관심을 되돌리는 일종의 '귀향'을 상징한다. 가을의 기운을 잘 활용하면 자신의 삶 속에서 현재의 위치를 파악하고, 건강한 가치와 인간관계를 설립하고 재확인할 수 있는 좋은 기회를 가질 수 있다.

가을에 접어들면 기후는 변화하기 시작한다. 그러한 계절의 변화는 종종 근육이 수축되는 느낌을 통해서 재빨리 알아차릴 수 있다. 이는 자신을 둘러싼 세계를 감지하는 데 있어 지극히 정상적이고 중요한 일이다. 결과적으로는 기분이 점차 섬세해지면서 가족 간의 친근감을 추구하는 경향이 더 강해진다. 낮이 더 짧아지면서 추위가 엄습하면 일반 사람들은 사랑하는 사람들과 이야기와 노래, 그리고 음식을 공유하면서 그 관계를 더욱더 공고히 한다.

상부상조하는 공동체의 일부가 되는 일은 가을과 겨울철에 자신의 내면을 성찰하는 시간을 갖도록 하는 좋은 계기가 될 것이다. 또한 변덕이 심한 가을 날씨에 건강상의 허를 찔리지 않도록 하려면 여러 겹의 옷을 껴입고 몸의 소리에 귀를 기울여야 한다. 추위와 독감의 계절은 빠르면 10월부터 시작된다. 자신의 몸을 돌보면서 건강 상태를 유지할 수 있는 가장 좋은 방법은 영양분을 섭취하는 일이다. 허브티를 매일 같이 마시면서 육체적, 정서적인 균형을 유지하는 데 꼭 필요한 기본 영양소를 몸의 세포에 공급하는 일도 하나의 좋은 방법이다.

가을철이 오면 여름철에 외부 세계로 향하던 몸의 에너지도 점차 수그러든다. 이 시기에는 몸의 소화력과 신진대사의 작용을 촉진하는 음식을 먹어야 건강에 좋다. 그러한 음식으로는 향신료를 넣어서 만든 요리나 콜라드 그린^{collard green}, 당근, 비트, 케일, 브로콜리, 사과, 견과, 씨앗 등의 싱싱한 제철 음식이다.

가을철에 주목을 받는 허브티들은 건강한 사고를 촉진하고 면역력을 증진하는 것들이다. 뇌의 기능을 활성화시키고, 신경을 안정시켜 주며, 면역력을 증진하는 허브티는 이미 제3장에서 대부분 소개하였다. 모두 가을철에 마셔도 좋은 허브티들이었다. 이 밖에도 가을은 직장인들의 경우에는 여름휴가를 끝내고 다시 일에 몰두해야 하는 시기이고, 학생들의 경우에는 방학을 끝내고 학업에 정진해야 하는 시기이기 때문에 뇌의 기능을 활성화시켜 집중력을 높이고 생산성을 향상시키는 데 도움이 되는 허브티의 필요성은 더욱더 대두된다.

가을철 자연의 리듬과 순환은 몸에 휴식과 수면에 대한 욕구를 불러일으킨다. 불행하게도 대부분의 사람들은 가을철에 몸이 스스로 회복하는 에너지를 만들어 내도록 하는 데 전념할 수가 없다. 여기서는 낮이 짧아지면서 집중력과 활력을 유지하기가 어려운 상황에서도 몸의 건강을 유지하고 행복한 상태를 유지하는 데 큰 도움이 되는 허브티들을 소개한다.

녹차, 툴시, 고투콜라, 로즈메리, 인삼은 가을철에 마음의 건강을 유지하는 데 매우 중요한 역할을 하는 허브들이다. 홍차와 우롱차는 원기를 북돋고 소화를 도와주는 효능이 있다. 매운 성분을 지닌 깊은 향미의 향신료들은 몸을 데워 주고 소화력과 면역력을 증진시켜 가을과 겨울에 특히 중요한 허브이다.

봄과 여름 내 외부 세계로 향하던 몸의 에너지는 차치하더라도, 가을이 오면 몸은 말리거나 비축해 둔 허브의 맛과 향, 그리고 효능에 더욱더 의존하게 된다. 몸에 부가되는 스트레스가 증가함에 따라 내적으로 건강한 삶을 영위하는 데 도움이 되는 허브와 향신료에 더욱 의존하는 것이다. 가을과 겨울의 풍부한 음식과 허브티들은 복합적인 향미를 지니고 영양성도 높아 식음료를 먹고 마시는 즐거움과 함께 에너지도 공급해 준다.

©사진, 티블렌딩/한국티소믈리에연구원

제너럴 폴 토닉 *General Fall Tonic*

전반적인 자양강장 효능의 허브티

    강추위와 독감의 계절이 오기 전에 몸의 면역력을 높여 두면 건강상에도 매우 이롭다. 이 허브티는 면역력을 높여 주고 간과 신장의 기능을 촉진하는 자양강장 의 효능이 있어 매일 마셔도 좋다. 가을이 오고 겨울이 되면 몸의 신진대사 활동이 느려지기 때문에 면역력을 증진시키는 허브티를 예방 차원에서 마시는 행위는 매 우 지혜로운 일이다.

    영지버섯과 차가버섯은 항염증, 자양강장, 면역력의 증진 등의 매우 기본적인 효 능을 지니고 있다. 황기의 뿌리는 면역력을 높여 스트레스와 질병에 대한 저항력을 길러 주기 때문에 현대의 일상을 살아가는 사람들에게는 꼭 필요한 허브이다.

    민들레와 우엉의 뿌리는 몸에서 해독 작용을 담당하는 기관인 간과 신장의 기

레시피 | Recipe

혼합비/재료

3/영지버섯, 3/민들레 뿌리, 3/우엉 뿌리, 3/펜넬, 1.5/생강,
1/차가버섯, 1/시나몬, 1/황기, 1/클로브.

침출 방법

• **달이기 :** 뚜껑이 있는 냄비에 허브티 3테이블스푼을 넣고 물 4컵을 부은 뒤 서서히
가열하면서 끓이고, 이때 30분 이상 계속 끓여 준다.

향미와 효능

• **맛과 향 :** 부드럽고 산뜻한 맛과 향.
• **허브 작용 :** 자양강장, 소화 촉진, 면역계 강화.
• **효능 :** 몸 기관의 전체적인 자양강장.

능을 강화한다. 그 밖의 향신료들은 소화력을 높이고 맛과 향에 깊이를 더해 주면
서 감염에 대한 저항력을 길러 준다.

민들레 뿌리 *dandelion root*

과명 : 국화과
학명 : 타락사쿰 오피키날레 *Taraxacum officinale*
효능 : 쓸개즙 분비, 이뇨, 간 기능 개선

©사진, 티블렌딩/한국티소믈리에연구원

더 폴 (폴 리포즈) *The Fall(Fall Repose)*

원기를 회복시키는 허브티

몸 안에 에너지를 비축하여 원기를 회복시키도록 고안한 허브티이다. 차가버섯, 황기, 영지버섯은 자양강장 허브 중에서도 매우 순한 편에 속하며, 스트레스를 완화하고 면역력을 증진시키면서 원기를 서서히 회복시켜 준다. 볶은 보리는 이 허브티에 구수한 향을 더해 주어 마시는 사람들에게 만족감과 평안함을 선사한다. 특히 아시아 지역에서 많은 사랑을 받고 있는 보리차는 사람들이 주로 점심과 저녁을 먹은 뒤에 마신다. 몸이 글루텐gluten 성분에 예민한 반응을 보이면, 볶은 보리 대신에 쿠키차Kukicha나 볶은 메밀을 사용해도 좋다. 향신료의 향은 이 허브티에 보온 효능을 더해 주면서 전체적인 향미를 높여 준다.

레시피 | Recipe

혼합비/재료

3/볶은 보리, 1/차가버섯, 1/황기, 1/영지버섯, 0.5/시나몬,
0.5/스타아니스, 0.5/우엉 뿌리.

침출 방법

• **달이기** : 뚜껑이 있는 냄비에 허브티 3테이블스푼을 넣고 물 4컵을 부은 뒤 약한 불
에 서서히 끓이고, 이때 10분 이상 계속 끓여 준다.

향미와 효능

• **맛과 향** : 구운 곡물, 달달한 허브 향, 향신료 향.

• **허브 작용** : 자양강장, 면역계 강화.

• **효과** : 심신 안정, 면역력 증진.

스타아니스 *ostar anise*

과명 : 목련과

학명 : 일리키움 베룸 *Illicium verum*

효능 : 진통, 변비 해소, 구토 완화

 허브 상식

■ **보리차 만들기** ■

동양권인 한국, 중국, 일본 등의 지역에서는 볶은 보리를 우려내 보리차로 많이 마신다. 특히 유기농법으로 생산한 보리차는 가격이 매우 비싸기까지 하다. 여기서는 저렴한 가격으로 보리차를 만드는 방식을 간단히 소개한다.

먼저 시장에서 보리를 구입한다. 그 보리를 시트팬에 뿌려서 깔고, 불의 온도를 약 180도로 맞춘 뒤 약 25분간 타지 않게 이리저리 휘저어 가면서 볶는다. 다 볶은 상태에서는 보리의 색상이 어둡게 변하고, 향도 구수한 향미가 강하게 풍긴다. 이로써 완성이다!

©사진, 티블렌딩/한국티소믈리에연구원

멀링 스파이스 *Mulling Spices*

몸과 마음을 안정시키고 면역력을 증진하는 허브티

　몸과 마음을 안정시켜 주는 향미의 허브티이다. 사과즙을 발효시킨 무알코올의 애플사이다apple cider, 알코올 10% 미만의 발효 사과술인 하드사이다hard cider 또는 와인을 함께 넣어 계속 끓여 가면서 만드는 것이 특징이다. 가을과 겨울철에 사람들에게 포근함을 안겨 줄 수 있는 음료로서 맛이 매우 복합적이다. 또한 겨울철에 면역력을 높여 주는 효능도 있어 휴일 파티나 모임에서 인기가 높다.

　북유럽에서는 공동체의 일원이 된 데 대한 기념의 의미로 새로운 구성원들에게 향신료가 든 하드사이다와 멀드와인mulled wine을 데워서 제공하는 관습이 수세기 동안 전해져 오고 있다. 날씨가 추워지고 어둠이 빨리 밀려오는 가을과 겨울이 오면 신에게 바치곤 했던 향신료가 가미된 술을 데웠고, 북유럽의 사람들은 이를 마시

레시피 | Recipe

혼합량/재료

2테이블스푼/신선한 생강(간 것), **2티스푼**/시나몬,
2티스푼/아니스 씨앗, 또는 스타아니스,
1티스푼/온전하거나 또는 살짝 빻은 클로브, **1티스푼**/카르다몸,
1개/신선한 오렌지필(중간 크기), **1티스푼**/황기, **1티스푼**/로즈힙,
½개/너트메그(빻은 것 또는 씨앗), **¼개**/바닐라빈, 또는 **½티스푼**/바닐라 추출물.

침출 방법

- **달이기** : 뚜껑이 있는 냄비에 차가운 애플사이다 또는 와인 6~8컵을 부은 뒤 향신
  료를 넣는다. 약한 불을 서서히 가하면서 끓지 않도록 주의한다. 20분간
  가열해 허브의 약리적인 성분과 에센셜 오일들이 충분히 우러나도록 기
  다린다. 저온의 난로 위에 올려놓고 뜨거운 상태를 유지하면서 컵에 부을
  때는 체로 걸러 낸다. 사람들에게 대접하기에 앞서 애플사이더의 맛을 먼
  저 본다. 와인이나 하드사이다를 사용하는 경우에는 1컵당 꿀 1티스푼을
  넣어 준다.

향미와 효능

- **맛과 향** : 시나몬, 카르다몸, 클로브의 편안한 향미, 시트러스 향과 바닐라빈 향의
  조화.
- **허브 작용** : 소화 촉진, 면역계 강화.
- **효능** : 소화력 증강, 면역력 증진.

기 위해 삼삼오오 모여들곤 했던 것이다.

여기에 든 시나몬, 생강, 클로브, 카르다몸의 휘발성
에센셜 오일은 항균 효능뿐 아니라 추위와 독감으
로부터 몸을 보호하는 효능도 있다. 또한 발열 작
용으로 몸의 온도를 높여 주고 소화력도 촉진
시켜 건강을 유지하는 데에 도움을 준
다. 신선한 재료들을 구하기 어려운 늦
가을이나 겨울에 이 허브티는 사람들
이 오래전부터 건강을 유지하기 위해

마셔 왔던 음료이다.

여기서 소개하는 레시피는 애플 사이다나 와인 모두 6~8컵이 기준이다. 취향에 따라서 더 강한 향과 싸한 맛을 즐기고 싶다면, 생강이나 오렌지를 썰어 넣으면 된다. 드라이와인이나 하드사이드를 사용하는 경우에는 꿀을 넣으면 더 좋다.

너트메그 *nutmeg*

과명 : 육두구과

학명 : 미리스티카 프라그란스 *Myristica fragrans*

효능 : 원기 회복, 식욕 촉진, 소화 촉진, 구토 완화

블렌딩에 앞서 각종 허브 재료들을 가지런히 준비해 놓은 모습.

©사진. 티블렌딩/한국티소믈리에연구원

피스 티 *Peace Tea*

몸과 마음을 안정시키고 조직을 강화하는 허브티

가을의 바쁜 하루를 마감하며 몸과 마음을 차분히 가라앉히는 허브티이다. 신경계에 평온함과 항상성을 안겨 주는 효능이 있다. 또한 몸에서 열을 내리는 약한 효능도 있어 추위가 심한 날에는 생강을 넣어 주면 좋다.

이 허브티에 사용된 네틀에는 영양분이 풍부하게 함유되어 있다. 캐트닙과 스컬캡(황금)은 비타민과 미네랄 성분을 풍부하게 공급할 뿐 아니라 신경계를 진정시키는 효능이 있다. 두 허브는 한 번 사용해서는 그 작용을 다 알 수 없겠지만, 자주 사용하여 친숙해지면 허브티를 블렌딩할 때마다 재료로 쓰게 될 정도이다. 스컬캡은 성격이 급한 사람에게는 매우 훌륭한 처방전이 될 허브이다. 마음을 안정시키고, 수면을 유도하고, 현재에 몰두하는 집중력을 높여 주기 때문이다. 또한 중독증을 치료하고 신경 조직의 긴장을 풀어 주며, 특히 과민한 정신을 안정시킨다. 캐트닙은 민트와 같이 진정 효능이 있지만, 정신적인 이완 효능이 훨씬 더 강하여 불면증

혼합비/재료

1/스컬캡(황금), 1/캐트닙, 1/네틀 잎, 1/라즈베리 잎, 1/로즈페틀,

0.5/저먼 캐모마일, 0.5/로즈힙, 0.5/히비스커스,

1/바닐라빈(블렌딩 티 1파운드 기준), 신선한 생강 작은 것, 또는 간 것(1컵 기준).

침출 방법

• **온침법** : 허브티 1테이블스푼에 뜨거운 물 1½컵을 부은 뒤 8~10분간 우려낸다.

• **냉침법** : 뚜껑이 있는 병에 허브티 2테이블스푼과 차가운 물 2컵을 부은 뒤 허브티가 완전히 적셔질 때까지 흔든다. 그런 다음에 냉장고나 차가운 곳에서 2시간 이상 보관한다.

향미와 효능

• **맛과 향** : 풀 향, 꽃 향, 달콤하면서 톡 쏘는 향.

• **허브 작용** : 긴장 완화, 영양 공급.

• **효능** : 심신 안정, 조직 강화.

치료에도 자주 사용된다.

로즈페틀과 로즈힙은 향긋한 꽃 향과 화려한 색감을 자아낸다. 특히 로즈힙은 비타민 C의 함유량이 많고, 항염, 소염 효능도 매우 강하다. 톡 쏘는 맛의 히비스커스는 혈압을 낮춰 주는 효능이 있다. 그리고 저먼 캐모마일은 분노와 좌절로 인해 몸에 열이 나면서 발생한 정신적인 긴박감과 짜증, 그리고 두통까지 줄여 준다.

라즈베리 잎 *raspberry leaf*

과명 : 장미과

학명 : 루부스 이다이우스 *Rubus idaeus*

효능 : 진통, 진정, 항염 등

©사진. 티블렌딩/한국티소믈리에연구원

브레인 토닉 *Brain Tonic*

집중력과 기억력을 상승시키는 허브티

이 허브티는 우울한 기분을 호전시키고 몸의 원기와 면역력, 그리고 늦가을의 추운 날씨에도 견딜 수 있는 지구력을 길러 준다. 이 허브티를 매일 같이 마시면, 자신의 삶을 직시하고 만족을 느끼면서 인생의 행복을 즐길 수 있다. 특히 가을에 비바람이 추적거리며 내리는 우중충한 날씨에서도 대자연이 우리에게 주는 풍요로움에 대해 감사하는 마음을 갖게 한다.

카르다몸과 시나몬과 같이 강하고 매운 향미를 지닌 허브는 몸에 활기를 불어넣고 세상을 긍정적이고 낙천적으로 볼 수 있는 힘을 길러 준다. 일반적으로 향신료가 든 허브티를 마시면 가을과 겨울철에 건강을 위협할 수 있는 바이러스의 감염도 예방할 수 있고, 음식물의 소화력도 높일 수 있다. 시베리아인삼이라고도 하는 가시오갈피는 대표적인 자양강장 허브로서 가을철에 몸이 피로하고 기력이 쇠할 때 섭취하면 체력을 증강시켜 준다. 고투콜라는 기억력을 상승시키는 데 굉장

레시피 | Recipe

혼합비/재료

3/툴시, 2/민트, 1/가시오갈피(시베리아인삼),
1/고투콜라, 1/로즈메리, 1/카르다몸, 1/시나몬.

침출 방법

• **우리기** : 허브티 1테이블스푼에 뜨거운 물 1½컵을 부은 뒤 5~10분간 우려낸다.

향미와 효능

• **맛과 향** : 향신료, 민트, 로즈메리의 강렬한 향.
• **허브 작용** : 뇌 기능 강화.
• **효능** : 심신 안정.

한 효능이 있다. 그리고 로즈메리도 기억력을 증진시키고 몸을 보온하는 역할을 한다. 맵싸한 맛의 툴시도 기억력과 집중력을 높여 주고, 스트레스를 해소하고 면역력을 증진하며, 소화력도 강화해 준다. 이 허브티에서 민트는 허브 재료의 맛과 성분이 전체적으로 조화를 이루는 데 중요한 역할을 한다.

로즈메리 *rosemary*

과명 : 꿀풀과
학명 : 로스마리누스 오피키날리스 *Rosmarinus officinalis*
효능 : 항산화, 소화 기능 개선, 혈액 순환 촉진

©사진. 티블렌딩/한국티소믈리에연구원

골든 가든 *Golden Garden*

소화력을 증진시키는 허브티

가을철에 마시기에 좋은, 카페인 성분이 든 매우 맛있는 허브티이다. 이 허브티를 마시면 과중한 업무 속에서 지친 몸과 마음을 풀어 줄 것이다. 이 허브티는 따뜻하거나 김이 모락모락 나는 우유를 기반으로 만들고, 거기에 꿀 한 방울을 떨어뜨린 것이다. 크리미한 우유는 혀끝에 감도는 라벤더의 쓴맛을 억제하고, 카르다몸의 단맛을 강화한다. 바닐라빈과 카르다몸은 홍차의 맥아 향을 상호 보완하고, 라벤더의 향기로운 꽃 향과도 대조를 이룬다.

부드러운 홍차나 오래 발효된 보이차는 맥아 향이 나면서도 쓴맛이 강하지 않아 이 허브티에 이상적인 재료이다. 이러한 특징은 으깬 카르다몸 깍지와 라벤더 꽃과도 절묘한 조화를 이룬다.

이러한 보이차는 중국에서는 흑차黑茶에 속하며, 미생물학적인 발효를 통해 수십 년간 숙성시켜 생산된다. 쓴맛은 나지 않지만 매우 진하고 깊은 맛을 느낄 수 있

레시피 | Recipe

혼합비/재료

4/홍차, 1/카르다몸, 1/라벤더 꽃,
1/바닐라빈(블렌딩 허브티 1파운드 기준).

침출 방법

• **우리기 :** 허브티 1테이블스푼에 데운 우유 1½컵을 부은 뒤 4~6분간 우려낸다. 체
　　　로 걸러 낸 뒤 꿀 1티스푼을 첨가한다.

향미와 효능

• **맛과 향 :** 홍차의 맥아 향에 향긋한 카르다몸, 라벤더 꽃 향, 기분이 좋은 바닐라빈
　　　의 향이 가미된 맛과 향.

• **허브 작용 :** 에너지 공급, 기분 호전, 소화 기능 촉진.

• **효능 :** 심신 안정, 소화력 증진.

는 것이 큰 특징이다. 이 허브티에서는 숙성도가 약간 높은 보이차를 사용하는 것
이 좋다.

라벤더 꽃 *lavender blossoms*

과명 : 꿀풀과
학명 : 라반둘라 오피키날리스 *Lavandula officinalis*
효능 : 항우울, 원기 회복, 항균, 진경, 진정 등

©사진, 티블렌딩/한국티소믈리에연구원

쿠키차 골드 *Kukicha Gold*

몸에 열을 내고 혈액 순환을 개선하는 허브티

이 허브티를 마시면 난로를 때는 것 같은 기분이 들 정도로 몸에 열이 난다. 섬세하게 볶은 쿠키차에 따뜻한 블렌딩 허브티의 아로마 향이 어우러져 몸속 한가운데 맹렬한 열기가 솟아오른다. 가을에 햇볕이 그리 따갑지 않은 시기에 이 허브티를 마시는 것이 좋다. 태양이 저만치 물러가고 어둠이 내리면 사람들은 편안함과 따뜻함을 유지하기 위해 클로브, 시나몬과 같은 보온 효능이 있는 방향성 허브를 찾게 된다.

오렌지필이 가미된 오렌지 스파이스의 이 허브티에는 그 어떤 '천연 착향료natural flavoring'도 사용되지 않아 허브 그 자체의 약효 성분이 몸에 완전히 흡수될 수 있다. 시나몬, 클로브, 오렌지필, 카르다몸, 올스파이스에는 중요한 방향성 에센셜 오일이 함유되어 있어 항균 작용과 함께 몸에서 열을 내게 한다. 이 허브티는 기분을 호전시킬 뿐만 아니라 질병으로부터 우리의 몸을 지켜내는 데에도 큰 도움이 된다.

혼합비/재료

10/쿠키차, 5/시나몬, 3/오렌지필, 3/만삼, 3/카르다몸,
2/클로브, 1/올스파이스, 1/감초 뿌리.

침출 방법

• **우리기** : 허브티 1테이블스푼에 뜨거운 물이나 우유를 1½컵 정도 부은 뒤 5~10분
　　　　 간 우려낸다.

향미와 효능

• **맛과 향** : 볶은 쿠키차의 향을 기반으로 두드러지는 오렌지 스파이스 향.

• **허브 작용** : 소화 기능 강화, 보온 작용.

• **효능** : 소화 촉진, 혈액 순환 개선.

맑은 황금빛으로 색상도 아름다운 쿠키차 골드.

©사진. 티블렌딩/한국티소믈리에연구원

딜라이트 *Delight*

마음을 밝게 하는 효능의 허브티

봄과 여름의 기억에 대하여 경의를 표하는 허브티이다. 기후가 변화하고 세상이 갑자기 어두워지는 가을과 겨울에 봄과 여름의 허브로 어눌한 마음을 밝게 만들어 준다. 이 허브티에 든 볶은 카카오 껍질의 진하고도 풍부한 향은 여름을 지나 가을과 겨울이 되어서도 여전히 진동한다.

레시피 | Recipe

혼합비/재료

3/허니부시, **3**/카카오 껍질, **1**/네틀 잎, **1**/페퍼민트, **0.5**/재스민 꽃(또는 재스민 에센셜 오일 1방울), **1**/바닐라빈(블렌딩 티 1파운드 기준).

침출 방법

• **우리기** : 허브티 1테이블스푼에 뜨거운 물 1½컵을 부은 뒤 5~10분간 우려낸다.

향미와 효능

• **맛과 향** : 단맛, 민트 향을 기반으로 볶은 초콜릿, 바닐라, 재스민의 꽃 향.

• **허브 작용** : 영양 공급, 기분 호전.

• **효능** : 심신 안정, 자양강장.

Herb Spotlight

허니부시(Honeybush)

학명 : *Fabaceae Cyclopia*
분류 : 콩목 콩과 식물
원산지 : 아프리카 대륙

　허니부시는 '레드티red tea'라고도 하여 종종 루이보스rooibos와 혼동된다. 왜냐하면 루이보스도 보통 '레드티'라고 하기 때문이다. 여기서는 혼동을 피하기 위해 '레드티'란 용어는 사용하지 않는다. 남아프리카 지역이 원산지인 허니부시는 달링Darling 지역에서 포트엘리자베스Port Elisabeth 지역에 이르기까지, 웨스턴케이프Western Cape에서 이스턴케이프Eastern Cape에 이르는 해안선을 따라 분포한다. 야생종 군락은 산봉우리, 상수하천, 늪지대, 셰일층, 남쪽의 습한 경사지에 분포하고 있다. 잎을 수확해 산화시키면 붉은색을 띠는데, 우려내면 단맛과 동시에 톡 쏘는 맛이 난다.

　허니부시에는 카페인 성분이 함유되어 있지 않다. 오래전부터 사람들은 허니부시 2~3테이블스푼에 물 1쿼트를 넣은 뒤 20분간 끓여서 마셨다. 종종 우유와 설탕을 넣어 마시기도 하지만 모두 맛이 꿀 같지는 않다. 허니부시는 변비를 완화하고, 수분 함유율을 줄이며, 피니톤piniton 성분이 있어 기침을 해소하는 데 큰 효능이 있다. 이 피니톤 성분은 예로부터 거담제로서 기침 감기약의 시럽에 사용되어 왔고, 혈당 수치를 내리는 효능도 매우 유명해 오늘날에도 약효와 관련하여 많은 연구들이 진행되고 있다. 또한 허니부시에는 '식물성 에스트로겐phytoestrogen'의 일종인 이소플라본isoflavones과 쿠메스탄coumestan이 함유되어 있어 갱년기의 증상을 완화하는 데에도 큰 효능이 있다고 알려져 있다. 미네랄 성분이 풍부한 허니부시를 매일 한 잔씩 마시면 영양 공급적인 측면에서도 건강에 매우 좋다.

©사진, 티블렌딩/한국티소믈리에연구원

허니부시 스파이스 *Honeybush Spice*

면역력을 높이고 향균 효능이 있는 허브티

이 허브티는 우유와 설탕을 넣지 않은 디카페인의 향신료 차이를 마시고 싶은 경우에 매우 권장할 만한 음료이다. 살짝 단맛이 나고 톡 쏘는 맛이 나는 허니부시가 맛의 기반을 이루는데, 오래 우려낼수록 허니부시의 다양하면서도 복합적인 맛이 더 강해진다.

생강과 아니스는 소화를 돕고 혈액 순환을 촉진한다. 시나몬과 카르다몸은 몸의 온도를 올려 면역력을 강화하는데, 항균 효능도 뛰어나다. 또 오렌지 필과 바닐라 빈을 넣어 주면 침체된 기분에 활기를 불어넣어 준다.

혼합비/재료

4/허니부시, 3/시나몬, 1.5/생강, 1.5/스타아니스, 1.5/카르다몸, 1/클로브, 1/오렌지필, 0.35/감초 뿌리, 1/바닐라빈(블렌딩 티 1파운드 기준, 선택 사항).

침출 방법

• **우리기** : 허브티 1테이블스푼에 뜨거운 물 1½컵을 부은 뒤 5~10분간 우려낸다. 진한 맛을 좋아하는 경우에는 뚜껑이 있는 냄비에 허브티 1테이블스푼과 물 2컵을 부은 뒤 10분간 가열한다.

향미와 효능

• **맛과 향** : 차이의 향미와 비슷하지만 매운맛이 약하다.

• **허브 작용** : 보온 작용, 항균 작용.

• **효능** : 소화 촉진, 면역력 증진.

허니부시와 함께 약간 매운 향미의 허브들을 블렌딩해 만든 향신료 차이.

©사진. 티블렌딩/한국티소믈리에연구원

리프트 더 그레이 *Lift The Grey*

혈액 순환을 촉진하고 기분을 호전시키는 허브티

　간혹 마음에 먹구름이 끼거나 의식이 혼탁해지는 등의 음울한 마음을 떨쳐 내는 데에는 매우 효능이 좋은 허브티이다. 레몬그라스와 가향 홍차 얼 그레이^{Earl Grey}에 든 베르가모트의 강한 시트러스 향은 기분을 곧바로 정화시켜 준다. 클로브의 진하고도 향긋한 향은 혈액 순환을 도와주고, 로즈페틀과 바닐라빈은 사랑스러우면서도 편안한 향을 안겨 준다. 이 허브티의 향을 맡고 한 모금을 마시면 마음에 기운이 감돌고 온몸에 깊은 만족감을 느낄 수 있다.

　한편 이 허브티는 아로마테라피 처방전으로도 훌륭하다. 몸을 데워 주는 꽃과, 시트러스, 그리고 클로브의 향이 몸과 마음을 편안하도록 하여 큰 기운을 불어넣어 준다.

혼합비/재료

1/얼 그레이, **0.5**/레몬그라스, **0.25**/로즈페틀,

0.2/클로브, 1/바닐라빈(블렌딩 티 1파운드 기준).

침출 방법

• **우리기** : 허브티 1~2티스푼에 뜨거운 물이나 우유를 1½컵 정도 부은 뒤 4~7분간
　　　　　 우려낸 다음에 꿀을 조금 넣는다.

향미와 효능

• **맛과 향** : 부드러운 홍차와 베르가모트, 오렌지, 레몬그라스, 장미의 기분을 상승시
　　　　　 켜주는 향의 조합, 따뜻하고 진하고 감각적인 클로브 향이 오래 지속됨

• **허브 작용** : 에너지 상승, 기분 상승.

• **효능** : 심신 안정, 면역력 강화.

로즈페틀 *rose petal*

과명 : 장미과

학명 : 로사 켄티폴리아 *Rosa centifolia*

효능 : 진정, 변비 개선, 수렴 작용 등

©사진, 티블렌딩/한국티소믈리에연구원

비라 프로텍트 *Vita Protect*

추위와 감기에 저항력을 길러 주는 허브티

이 허브티는 항균, 항바이러스 효능이 탁월하여 몸을 쇠약하게 하는 온갖 감염성 질병을 예방하여 건강을 유지하는 데 큰 도움이 된다. 오늘날 현대를 살아가는 대부분의 사람들은 과도한 업무 일정으로 인해 쉽게 지치기 쉽다. 몸이 피곤하고 기분이 좋지 않을 경우에 이 허브티를 마시면 추위와 독감의 계절에도 몸의 저항력을 높일 수 있다.

레시피 | Recipe

혼합비/재료

6/엘더베리, 6/생강, 5/민트, 3/툴시,

3/아니스 씨앗, 또는 클로브, 2/오렌지필,

1.5/서양톱풀(yarrow), 1/감초 뿌리.

침출 방법

• **우리기** : 허브티 1테이블스푼에 뜨거운 물 1½컵을 부은 뒤 5~10분간 우려낸다.

향미와 효능

• **맛과 향** : 약간 달콤하면서도 씁쌀한 맛, 민트와 시트러스 향이 조화를 이룬 향긋한 향.

• **허브 작용** : 면역계 강화.

• **효능** : 면역력 증진.

클로브 *clove*

과명 : 도금양과

학명 : 에우게니아 카리옵필라타 *Eugenia caryophyllata*

효능 : 항균, 진통 등

겨울

겨울은 가장 추운 계절로서 우리 몸을 육체적, 정신적으로 회복시켜야 할 시기이다. 그러나 사람들은 휴일을 가능한 한 뒤로 기약하는 성향이 있기 때문에 몸에 필요한 휴식을 미처 취하기도 전에 극도로 추운 겨울이 다가오고 만다. 현대의 문화 속에서 우리의 몸과 마음은 한 해의 가장 추운 시기에 가장 많은 자극들을 받게 된다.

일반적으로 겨울이 다가오면 대부분의 식물이 생애의 한 주기를 마치거나 초겨울에 동면에 들어가는 것과 같이 사람도 몸과 마음의 부담을 덜어 내야 한다. 대부분의 사람들은 겨울철에 몸을 회복하고 마음의 평화를 유지하기 위해 조용한 시간을 갖는다. 겨울의 정적 또는 어둠은 사람이 에너지를 자신의 내부로 향하도록 하는데, 실제로 이는 몸과 마음을 매우 유연하게 변화시키는 좋은 방법이기도 하다. 겨울철의 매서운 날씨를 겁내기보다는 시간을 갖고 정서적·정신적인 성장을 차분히 모색할 수 있는 기회로 삼으면서 대자연의 순환을 있는 그대로 받아들이면 건강에도 좋다.

겨울에 식물이 휴면기에 드는 것과 같이 사람도 휴식을 취하면서 자신의 연약한 모습을 조용히 관조할 수 있는 기회를 갖는 것이 중요하다. 자신의 몸에서 외부 환경으로부터 받는 스트레스로부터 물러서라고 보내오는 소리를 듣거나 생활 속에서 주요한 물리적인 변화가 강요되었을 때 큰 저항감을 느끼는 경우에는 자신의 몸에서 보내오는 소리에 귀를 기울이는 것이 현명하다. 새롭게 일을 추진할 경우에는 봄의 기운이 작용할 때까지 기다리는 것이 좋다. 자신의 몸에서 보내오는 소리에 귀를 기울이며 건강을 돌보는 일은 결코 부끄러운 일이 아니다. 자신에게 솔직해지는 일이야말로 진정한 행복과 건강의 길을 여는 첫 걸음이기 때문이다.

겨울철은 미래를 구상할 수 있는 조용한 안식처를 제공한다. 또한 겨울에서 봄을 향할 때 달마다 낮의 길이가 길어지면서 에너지의 변화도 함께 느낄 것이다. 겨울 중순쯤에 이르면 사람의 몸도 역시 에너지의 급격한 변화를 경험한다. 잠도 점차 줄어들고 머지않아 다가올 계절을 떠올리게 된다. 예를 들면 자신이 거주하는 지역의 풍경이 봄이 다가옴에 따라 미세하게 변화하고 있다는 사실을 느끼는 순간 새로운 영감들이 샘솟 듯이 펼쳐진다. 또한 어떤 생동감에 이끌려 한 해의 계획을 세우기 시작하고 다가오는 계절에 걸맞는 목표와 비전을 세우느라 매일 조금씩 시간을 갖게 될 것이다. 뒤뜰에 정원을 만들거나 소속 단체에 도움이 될 아이디어를 구상한다거나 그동안 묵혀 두었던 사업 계획을 구상하거나 음악이나 예술을 배우는 작업 등의 일이다.

다음에 소개하는 허브티들은 겨울철에 몸과 마음을 건강하게 유지하는 데 도움이 되는 것들로서 대부분이 향미가 진하고 향긋하면서 영양분이 풍부하다는 특징이 있다.

©사진, 티블렌딩/한국티소믈리에연구원

윈터 솔스티스 티 *Winter Solstice Tea*

비타민, 미네랄을 공급해 면역력을 높이는 허브티

이 허브티의 이름은 24절기 중에서도 밤이 가장 길다는 '겨울의 동지 티'라는 뜻이다. 여름과 가을 사이의 수축하려는 기운과 겨울과 봄 사이의 팽창하려는 기운이 겹쳐진 순간을 의미한다. 사람들은 진자의 추에 해당하는 이 동지를 사이에 두고 양쪽에 펼쳐지는 계절에 대하여 경의를 표하며 변화를 기념한다.

이 허브티에 사용되는 세다르^{Cedar}(삼나무 잎)는 감각에 활기를 불어넣는 데 도움을 준다. 차가버섯, 엘더베리, 클로브는 흙 향과 과일 향, 향긋한 향을 더해 준다. 허니부시는 이 허브티의 기반이 되는 매우 훌륭한 재료로서 몸에 꼭 필요한 비타민과 미네랄 성분들을 충분히 공급해 주고 면역력도 증진시킨다. 이 허브티를 마시면서 지난 한 해를 뒤돌아보고 사람들에 대한 사랑과 연민의 감정도 느껴 보길 바란다.

혼합비/재료

4/허니부시, 2/엘더베리, 1/세다르 잎, 1/차가버섯,
0.5/클로브.

침출 방법

• **우리기** : 허브티 1테이블스푼에 뜨거운 물 1½컵을 부은 뒤 5~10분간 우려낸다.

향미와 효능

• **맛과 향** : 허니부시의 단맛을 기반으로 차가버섯의 흙 향, 세다르 잎의 싱그러운
　　　　향, 엘더베리의 과일 향, 클로브의 향긋한 향이 가미됨.
• **허브 작용** : 영양 공급, 면역계 강화.
• **효능** : 겨울철에 일반적인 자양강장.

엘더베리 *elderberry*

과명 : 딸기류
학명 : 삼부쿠스 니그라 *Sambucus nigra*
효능 : 감기 예방, 면역력 증진, 염증 완화

삼나무의 싱그러운 잎인 세다르, 차가버섯, 허니부시 등이 풍부하게 블렌딩된 허브티.

©사진, 티블렌딩/한국티소믈리에연구원

미모리어 *Memoria*

풍부한 향과 항산화 성분이 풍부한 허브티

한 해의 기억을 되새기면서 이 허브티를 마시면, 짧은 여름철이 제철인 허브들의 풍부하면서도 복합적인 향미를 떠올려 준다. 과일 향과 꽃 향이 넘실거리고, 레몬그라스의 시트러스 향이 산뜻한 맛을 내면서 훌륭한 균형을 이룬다. 이 허브티는 맛이 훌륭하고, 항산화 성분도 다량으로 들어 있어 건강에 매우 좋다.

레시피 | Recipe

혼합비/재료

2/로즈힙, 2/허니부시, 2/엘더베리, **1.5**/로즈페틀, **1**/금잔화 꽃, **1**/라벤더 꽃, **1**/레몬그라스.

침출 방법

• **우리기** : 허브티 1테이블스푼에 뜨거운 물 1½컵을 부은 뒤 5~10분간 우려낸다.

향미와 효능

• **맛과 향** : 단맛, 톡 쏘는 맛, 과일 향, 꽃 향, 시트러스 향의 환상적인 조화.

• **허브 작용** : 영양 공급, 기분 호전, 수분 공급.

• **효능** : 자양강장.

©사진, 티블렌딩/한국티소믈리에연구원

윈터 컴포트 *Winter Comport*

면역계를 강화하고 강장 효능이 훌륭한 허브티

겨울에 마시기에 최상인 이 허브티는 동지에 이르러 자기 성찰의 시간을 갖는 사람들에게 강력하게 추천할 만하다. 이 허브티는 깊은 맛과 흙 향, 그리고 싱그러운 초본식물의 기운을 선사한다. 은은한 향이 풍기는 미송 잎은 부드러운 시트러스 향과 어우러지고 찻빛을 붉게 물들인다. 미송 잎은 비타민 C를 풍부히 함유하고 있어 맛이 훌륭하다. 뒤뜰에 미송나무가 있으면 직접 잎을 채취해도 좋다. 봄철의 파릇파릇 돋아난 어린잎은 요리 재료로 사용하기에도 손색이 없고 단맛이 나는 허브티를 만들기에도 제격이다. 폭풍우로 부러진 나뭇가지에서 성숙한 미송 잎을 채취해 사용할 수도 있다. 뾰족한 미송 잎을 곧바로 채취하여 사용하거나 줄기를 전부 제거한 뒤 건조시켜 보관한 뒤에 사용할 수도 있다. 미송 잎을 건조기에서 말

레시피 | Recipe

혼합비/재료

2/미송 잎, 2/호로파 씨앗, 1/차가버섯, 1/시나몬, 1/카르다몸,
1/생강, 0.5/너트메그.

침출 방법

• **우리기 :** 허브티 1테이블스푼에 뜨거운 물 1½컵을 부은 뒤 5~10분간 우려낸다.

향미와 효능

• **맛과 향 :** 편안한 향미와 미송 잎의 싱그러운 향.
• **허브 작용 :** 기분 호전, 면역계 강화.
• **효능 :** 자양강장.

려서 보관하면 겨울철의 크리스마스 날에도 생생한 향을 경험할 수 있다. 건조기를 사용할 경우에 주의해야 할 점은 온도를 가장 낮게 맞춰 놓아야 한다는 점이다.

메이플(단풍당밀)과 비슷한 단맛을 지닌 호로파 씨앗은 젖의 분비를 촉진하는 효능으로 인해 서양 허브학에서는 오래전부터 잘 알려져 있다. 임산부가 아이에게 수유할 때 많이 섭취되어 온 허브이다. 인도에서는 그 맛이 약간 달콤하면서도 쌉쌀한 이유로 카레 요리의 향신료로 많이 사용되고 있다. 그 밖에도 시나몬, 생강, 카르다몸, 너트메그는 면역력을 증진시킬 뿐 아니라, 허브티를 마시는 즐거움도 더해 준다.

카르다몸 *cardamom*

과명 : 생강과
학명 : 엘렛타리아 카르다모뭄 *Elettaria cardamomum*
효능 : 식욕 증진, 소화 촉진, 점액 분비 촉진 등

©사진, 티블렌딩/한국티소믈리에연구원

리주브네이트 *Rejuvenate*

몸의 전반적인 기능을 높여 주는 허브티

　이 허브티는 건강적인 효능이 매우 높아 꼭 즐겨 마시길 권하고 싶은 음료이다. 정기적으로 이 허브티를 마시면 자양강장 효능의 허브가 스트레스로 인해 손상된 몸을 회복시키고 보호해 준다. 영지버섯과 차가버섯, 황기, 만삼, 바위돌꽃rhodiola, 아슈와간다는 신경계의 기능을 돕고 면역력과 근골격계를 강화한다. 특히 만삼과 바위돌꽃은 지친 몸에 에너지를 공급하는 효능이 있다. 만성 스트레스로 고통을 받고 있는 사람들에게는 이 허브티를 강력하게 추천할 만하다.

　겨울철에는 음식을 많이 먹는 대신에 활동량은 적어서 간과 신장의 기능이 약화될 수 있다. 이때 민들레와 우엉의 뿌리는 약화된 간과 신장의 기능을 도와준다. 그런데 우엉과 민들레의 뿌리는 모두 몸의 온도를 내리는 효능이 있어 만약 몸이 차거나 소화력이 떨어지면 신성한 생강이나 시나몬을 첨가해 보온 효과를 더해 주

혼합비/재료

5/우엉 뿌리, 3/민들레 뿌리, 3/호로파 씨앗, 2.5/아슈와간다(인도 인삼),

2.5/만삼, 2/차가버섯, 2/바위돌꽃, 2/황기, 2/시나몬(선택 사항),

1/영지버섯, 신선한 생강, 또는 간 것(선택 사항).

침출 방법

• **달이기** : 뚜껑이 있는 냄비에 허브티 3테이블스푼과 물 4컵을 부은 뒤 약한 불에 서서히 달인다. 20~60분 또는 더 긴 시간 동안 달여도 된다. 허브티를 오래 달일수록 유효 성분들이 더 많이 우러나 물을 추가로 부어야 할 수도 있다. 진하고 강한 향을 선호하지 않으면 물을 부어 희석하면 된다.

향미와 효능

• **맛과 향** : 향긋한 향이 가미된 흙 향, 뿌리 향.
• **허브 작용** : 몸의 전반적인 기능을 보강.
• **효능** : 자양강장.

는 것이 좋다. 우리 몸에서 간과 신장의 기능이 정상이면 피부색이 밝고 깨끗해지는 미백 효과가 나타난다.

이 허브티는 환경적인 요소로 유발된 스트레스를 해소하는 데에는 효능이 있지만, 외상 후 스트레스 장애[PTSD], 두부 손상[HT, head trauma], 만성 피로에는 특별한 효능이 없다.

바위돌꽃 *rhodiola*

과명 : 돌나물과
학명 : 로디올라 엘롱가타 *Rhodiola elongata*
효능 : 피로 해소, 항산화, 항방사능 등

©사진. 티블렌딩/한국티소믈리에연구원

디프 웰니스 *Deep Wellness*

호흡기의 기능을 개선하는 허브티

　몸이 차가운 증상이 오래 지속되는 사람을 위해 고안된 허브티이다. 습한 기운과 추위가 아직 남아 있는 경우에 마시면 폐와 코 안쪽의 통로인 부비강이 조화를 이루는 느낌이 든다.

　서양에서 엘더베리는 추위와 감기, 감염과 관련된 호흡기 질환을 치료하기 위해 수세기 동안 사용되어 왔다. 겨울철에 향긋한 과일의 향을 선사하여 기분을 호전시킨다. 목향은 거담과 항균, 몸을 보온하는 효능이 있어 폐와 목 아래에 맺힌 울혈을 제거하고, 기관지염과 천식을 치료하는 데에도 효과적이다. 그리고 심한 기침 감기를 완화시키는 유칼립투스는 멘톨 성분을 함유하고 있어 코 막힘 등의 증세를 완화시키는 데에 큰 도움이 된다. 예르바 산타는 그 맛이 진하고 향긋하며, 호흡기

혼합비/재료

1/엘더베리, **1**/목향 뿌리, **1**/에키네이서, **1**/유칼립투스,
1/스피아민트, **1**/레몬밤, **0.5**/감초 뿌리, **0.5**/예르바산타,
0.5/느릅나무, 또는 마시멜로의 뿌리.

침출 방법

• **우리기** : 허브티 1테이블스푼에 뜨거운 물 1½컵을 부은 뒤 5~10분간 우려낸다.

향미와 효능

• **맛과 향** : 진한 멘톨 향과 베리 및 시트러스 향이 풍기는 달콤한 수분감.
• **허브 작용** : 면역계 강화, 충혈 완화, 진통 작용.
• **효능** : 면역력 증진, 호흡기 기능 개선.

치료에도 특히 효능이 높다.

그 밖에도 감초는 단맛을 내고 인후염을 완화시키고, 레몬밤은 항바이러스 성질과 함께 신경계의 기능을 강화한다. 스피어민트는 맛과 향을 높여 주고, 동울혈sinus congestion을 제거하면서 열을 내리는 효능이 있다. 또한 약간 단맛을 내는 느릅나무slippery elm는 입안과 목의 조직에 생긴 염증을 가라앉히고 기침을 멎게 하는 데 효능이 좋다.

유칼립투스 *eucalyptus*

과명 : 도금양과
학명 : 에우칼립투스 글로불루스 *Eucalyptus globulus*
효능 : 살균, 피부 정화, 정신 고양, 피로 해소 등

©사진. 티블렌딩/한국티소믈리에연구원

파이어 티 *Fire Tea*

뇌의 기능을 활성화해 기억력을 높이는 허브티

이 허브티는 스모키 향으로 인해 사람들의 평가가 엇갈린다. 따라서 맛과 스모키 향의 균형을 찾아내는 것이 블렌딩의 핵심 작업이다. 이 허브티의 향미는 한마디로 복합성 그 자체라고 할 수 있을 정도이며, 차분히 앉아서 그 독특한 향미를 즐겨 보는 것도 재미를 더해 준다. 한 모금 마시면 그 복합적인 향들로 인해 그 무더웠던 여름철의 아련한 추억들이 머릿속에서 스쳐 지나간다.

중국 푸젠성 우이산武夷山에서 생산되는 홍차인 정산소종正山小種은 일찍이 서양으로 수출되어 랍상소총Lapsang souchong으로 불리었다. 정산소종은 한 해 수확기의 마지막에 차나무에서 찻잎을 따서 만든다. 이 찻잎들은 광택이 없고 맛도 복잡한 층위를 지니지 않아 송백나무의 잎을 불에 태우고 그 위에서 훈연하는데, 최상급 버번

혼합비/재료

2/정산소종(랍상소총), **1/**툴시, **1/**스피아민트,

0.5/고투콜라, **0.5/**구기자(고지베리), **0.5/**감초 뿌리.

침출 방법

• **우리기 :** 허브티 1테이블스푼에 뜨거운 물 1½컵을 부은 뒤 5~10분간 우려낸다.

향미와 효능

• **맛과 향 :** 달콤한 민트와 감초와 대비되는 타는 듯한 스모키 향, 툴시의 향긋한 후추 향.

• **허브 작용 :** 에너지 공급, 영양 공급, 뇌의 기능 강화.

• **효능 :** 심신 안정, 기억력 증진.

bourbon의 맛과 비슷한 스모키 향이 난다.

이 허브티에 재료로 사용된 허브인 툴시와 고투콜라는 뇌의 건강을 유지하고 정신력을 고양시키는 데 효능이 높다. 그중 툴시는 소화력도 강하게 높여 준다. 페퍼민트의 향은 정산소종의 스모키 향과 함께 컵 위에서 어우러진다. 감초와 구기자(고지베리)는 이 허브티의 맛을 산뜻하게 할 정도로 단맛을 충분히 제공하여 찻물이 입안에 들어가는 순간 모든 맛이 분명하게 느껴진다.

구기자 *goji berry*

과명 : 가짓과

학명 : 리키움 키넨시스 *Lycium chinense* Miller

효능 : 혈행 촉진, 면역력 증대, 혈중 콜레스테롤 감소 등

©사진. 티블렌딩/한국티소믈리에연구원

레이트 윈터 우즈먼 티 *Late Winter Woodsman Tea*
스모키 향과 로스팅 향으로 몸과 마음을 안정시키는 허브티

　이 허브티는 겨울철 어둠과 빛에 대한 기억으로부터 영감을 받아 블렌딩되었으며, 그 맛 또한 매우 훌륭하다. 정산소종(랍상소총)은 송백나무 잎을 태우고 그 위의 선반에 찻잎을 펼쳐 놓아 연기로 훈연해 만든 홍차로서 스모키 향이 가장 큰 특징이다. 찻잎과 줄기를 볶아 만든 쿠키차의 볶은 향은 정산소종의 스모키 향과 어우러져 환상적인 조화를 이룬다.

　네틀 잎은 몸과 뇌에 영양을 공급하여 대사 활동을 촉진시키고 세다르 잎은 항균 작용으로 감염을 예방해 준다. 두 허브 모두 봄을 알리는 허브로서 봄과 겨울을 연결해 준다. 재스민 꽃은 향긋한 향으로 기분을 즐겁게 하여 창의적인 영감을 불러일으킨다. 가격이 비교적 높은 재스민 에센셜 오일은 기분을 호전시켜 몸과 마음을 치유하는 아로마테라피 분야에서 주로 사용되고 있다.

혼합비/재료

1/정산소종(랍상소총), **1/**네틀 잎, **1/**쿠키차, **1/**세다르 잎,

0.5/재스민 꽃(선택 사항, 주로 색상과 미묘한 맛을 내기 위함)

생재스민 에센셜 오일 몇 방울(블렌딩 허브티 1파운드 기준).

침출 방법

• **우리기** : 허브티 1테이블스푼에 뜨거운 물 1½컵을 부은 뒤 5~10분간 우려낸다.

향미와 효능

• **맛과 향** : 진한 스모키 향과 볶은 향을 기반으로 세다르 잎과 재스민 꽃의 향이 아름답게 춤추는 듯한 완벽하고도 감각적인 맛과 향.

• **허브 작용** : 에너지 공급, 면역계 강화, 기분 호전, 영양 공급.

• **효능** : 심신 안정, 면역력 증진.

재스민 꽃, 정산소종, 네틀, 쿠키차를 블렌딩해 우려낸 허브티.

©사진, 티블렌딩/한국티소믈리에연구원

카와 *Kahwa*

에너지를 공급하고 소화력을 높여 주는 허브티

전통적으로 사모바르^{samovar}로 우려내는 카슈미르 티^{Kashmiri tea}에서 영감을 얻어 블렌딩한 독특한 허브티이다. 사모바르는 티를 우려내는 금속 재질의 2단 찻주전자로서 아래쪽 주전자에 수도꼭지가 달려 있다. 인도 최북단의 카슈미르 지역에서는 카와를 집에 방문한 손님들에게 저녁 식사가 끝나면 대접하는데, 특히 귀한 손님일 경우에는 종종 고가의 허브인 샤프란 줄기^{saffron thread}를 첨가해 주기도 한다. 녹차와 카르다몸은 조화를 잘 이루는 허브이고, 로즈페틀, 시나몬, 아몬드는 다양한 맛과 향으로 깊이를 더해 준다.

혼합비/재료

2/녹차, **2**/볶은 아몬드, **1**/로즈페틀, **1**/카르다몸, **0.5**/시나몬, **1**/샤프란 줄기(선택 사항, 1컵 기준).

침출 방법

• **우리기(또는 달이기)** :

허브티 1테이블스푼에 뜨거운 물 1½컵을 부은 뒤 5~10분간 우려낸다. 또는 냄비에 모든 재료를 넣은 뒤 약한 불로 가열한 다음에 설탕을 넣어 고유의 달콤하면서도 쌉쌀한 맛이 나도록 달이면 된다.

향미와 효능

• **맛과 향** : 견과 향, 꽃 향, 은은한 향, 풀 향.
• **허브 작용** : 에너지 공급, 기분 호전, 소화 기능 강화.
• **효과** : 심신 안정, 소화력 증진.

아몬드 *almond*

과명 : 꿀풀과
학명 : 프루누스 아미그달루스 *Prunus amygdalus*
효능 : 식욕 억제, 다이어트 효능, 배변 촉진, 콜레스테롤 수치 강하 등

©사진, 티블렌딩/한국티소믈리에연구원

트래블러스 티 *Traveler's Tea*

여행에서 건강을 유지하는 좋은 허브티

이 허브티는 그 이름대로 여행객들이 늘 지참하고 다니면서 마실 것을 권장하고 싶은 음료이다. 홍차와 더불어 야생 타임이나 사막세이지Desert Sage 등의 아라비아인들이 디저트로 즐기던 전통적인 허브로 만든 베두인 티Bedouin Tea에 일부 기반을 두고 블렌딩되었다. 유목민인 베두인족은 자신이 거주하는 사막에서 자생하는 허브들을 많이 활용하고 있다. 허브에 관한 폭넓은 식견을 지닌 베두인족들과 허브티를 매개로 관계를 맺는 것도 큰 행복감을 준다. 베두인족들의 상당수는 매년 주기적으로 이동하는 유목 생활을 한다.

먼 거리의 이동이나 여행에서는 면역력이 약해지기 쉬운데, 이 허브티를 마시면 매우 건강하게 여행할 수 있다. 이 허브티는 주위에서 쉽게 찾아볼 수 있는 홍차를

레시피 | Recipe

혼합비/재료

10/홍차, 3/시나몬, 2/세이지, 2/타임,

2/윈터세이보리(winter savory), 2/감초 뿌리, 2/로즈메리.

침출 방법

• 우리기 : 허브티 1테이블스푼에 뜨거운 물 1½컵을 부은 뒤 5~8분간 우려낸다.

향미와 효능

• 맛과 향 : 선명한 홍차에 세이보리 허브와 달콤한 감초의 조화.

• 허브 작용 : 면역계 강화, 에너지 공급.

• 효능 : 면역력 증진, 심신 안정.

기반으로 하되, 항균, 보온, 항바이러스 효능을 지닌 허브들을 함께 블렌딩하여 여행 기간에 질병의 감염을 예방하는 데 초점을 맞추었다. 특히 감초의 뿌리는 지친 신경계를 재빨리 회복시켜 준다.

세이지 *sage*

과명 : 꿀풀과

학명 : 살비아 오피키날리스 *Salvia officinalis*

효능 : 자양강장, 소염, 살균, 소화 촉진, 방부 효과 등

2016 Grow List

Field grown herbs:
chamomile
mints
catnip
skullcap
basil
tulsi
shiso
Codonopsis
thyme
oregano
mallow
fennel
anise
lemongrass
nettle
licorice
oats
barley
alfalfa
comfrey
burdock
lemon balm
clover
gotu kola
astragalus
fenugreek

H...
blu...
ras...
jasm...
hops
rosa ra...

April teas

☆
white tea   5
green rooibos 5   7..
orangezest   3
ginger   5
Situs   4
L Grass   4

allergy tea △

nutritive...
oats...
alfalfa...
eleu...
an...
ne...
fenu...
l...
...

색인

*이탤릭 서체로 표시된 부분은 사진을 뜻합니다.

글로벌 시대에 맞는 티 전문가의 양성을 책임지는
한국티소믈리에연구원

한국티소믈리에연구원은 국내 최초의 티(tea) 전문가 교육 및 연구 기관이다. 티(tea)에 대한 전반적인 이론 교육과 함께 티 테이스팅을 통하여 다양한 맛을 배워 가는 과정으로 창의적인 티소믈리에와 티블렌더를 양성하는 데 주력하고 있다.

티소믈리에는 고객의 기호를 파악하고 티를 추천하여 주거나 고객이 요청한 티에 대한 특성과 배경을 바로 알아 고객에게 추천하는 역할을 한다. 티블렌더는 티의 맛과 향의 특성을 바로 알아 새로운 블렌딩티(Blending tea)를 만들 수 있는 전문가적 지식과 경험이 필요하다.

티소믈리에, 티블렌딩 교육 과정은 1급, 2급 자격증 과정과 골드 과정을 운영하고 있다. 사단법인 한국티(TEA)협회와 한국티소믈리에연구원이 공동으로 주관하고, 한국직업능력개발원이 공증하는 1급, 2급 자격증은 단계별 프로그램을 이수한 후 자격시험 응시가 가능하다. 골드 과정은 티소믈리에, 티블렌딩 1급 과정 수료자를 대상으로 한 티 전문가 교육 과정이다. 골드 과정은 각 교육 과정의 깊이 있는 연구를 통해 티 전문가로서 갖춰야 할 전문 교육 프로그램을 이수하여 강사로 활동하거나 지식과 경험을 통합하여 티(TEA)비즈니스에 대해 이해할 수 있는 프로그램으로 티 산업의 다양한 영역에서 활동할 수 있도록 한다.

현재 한국티소믈리에연구원은 본원에서 교육 및 연구를 진행하고 R&D센터에서 교육 및 응용, 개발을 실시하고 있으며, 지금까지 수많은 티 전문가들을 배출해 왔다.

사단법인 한국티(TEA)협회 인증

티소믈리에 & 티블렌딩 & 한방차 티테라피 교육 과정 소개

티소믈리에, 티블렌딩 1급, 2급 자격증

사단법인 한국티협회와 한국티소믈리에연구원이 공동으로 주관

티소믈리에 1급, 2급 자격증 과정

티소믈리에 2급
티소믈리에 1급

티소믈리에 골드 과정

강사 양성 과정, 티 비즈니스의 이해 과정

티블렌딩 1급, 2급 자격증 과정

티블렌딩 2급
티블렌딩 1급

티소믈리에 골드 과정

강사 양성 과정, 티블렌딩 응용 개발 과정

한방차 티테라피 교육 과정

한방차 티테라피 1 [입문/개론]
한방차 티테라피 2 [심화/응용]

**한국
티소믈리에
연구원**

출간 도서

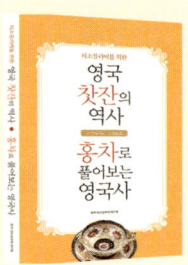

티소믈리에를 위한
영국 찻잔의 역사 · 홍차로 풀어보는 영국사

**티소믈리에를 위한
〈영국식 홍차문화 이야기〉 시리즈 제1권**

서양 티의 시작에서부터 영국 도자기 산업의 탄생.
애프터눈 티의 문화, 찻잔과 홍차의 미래상을 소개한다.

티소믈리에를 위한
허브티 블렌딩

**허브에 대한 상세한 소개와
목적별 블렌딩 레시피**

65가지 허브의 맛과 향, 성분,
블렌딩에 관련한 에피소드까지!
성분별 · 목적별 허브티 음용에 유용한 허브티의 교과서!

티소믈리에를 위한
중국차 바이블

**홍차 · 녹차 · 청차 · 백차 · 흑차 ·
황차 · 꽃차 · 공예차 등 중국차의 총결서!**

차마무역으로 거래된 총 137종의
중국차와 차별 제다법.
향미의 비밀, 그리고 건강 효능에 관한 모든 것!

티 세계의 입문을 위한
국내 최초의 '티 개론서'

**티의 역사 · 테루아 ·
재배종 · 티테이스팅 등**

전 세계 티의 기원, 산지,
생산, 향미, 테이스팅을
과학적으로 체계화한 개론서이다!

CHAI
인도 홍차의 모든 것

영국식 홍차의 시작, 인도 홍차의 숨은 이야기!

홍차 생산 세계 1위인 인도 정부의 주한 인도 대사가
공식 추천한 인도 홍차의 기념비적인 책!
인도 홍차의 모든 내용을 화려한 사진들과 함께 소개한다!

티소믈리에가 만드는
티칵테일

티 · 허브 · 스피릿츠, 그 절묘한 믹솔로지!

역사상 가장 오래된 두 음료, 티와 칵테일을
세이킹해 티칵테일을 만드는 실전 가이드!
다양한 향미의 티와 허브, 생과일,
칵테일의 환상적인 세이킹을 소개한다.

기초부터 배우는 홍차

**사단법인 한국티협회
'홍차 마스터' 과정 지정 교재**

누구나 홍차 전문가가 될 수 있도록
홍차 40년 경력의 베스트셀러 저자가
'홍차의 기초부터 모든 것'을
들려주는 총정리서!

세계 티의 이해
Introduction to tea of world

세상의 모든 티, 티의 역사와 문화,
티를 즐기는 세계인, 티 여행 명소,
다양한 티 레시피,
그리고 그 밖의 모든 티들을 소개한다.

티 아틀라스
WORLD ATLAS OF TEA

**티 세계의 로드맵! '커피 아틀라스'에 이은
〈월드 아틀라스〉 시리즈 제2권**

전 세계 5대륙, 30개국에 달하는
티 생산국들의 테루아, 역사, 문화
그리고 세계적인 티 브랜드들을 소개한다.

'중국차 바이블에 이은'
기초부터 배우는 중국차

**사단법인 한국티협회
'중국차 과정' 지정 교재**

중국차 구입에서부터 중국 7대 차종과 대용차,
차구의 선택과 관리, 차의 역사, 차인 · 차사 · 차속, 차와
건강 등에 관한 315가지의 내용을 소개한 중국차 전문 해설서!

티소믈리에 1급, 2급 자격 과정 교재

티소믈리에 이해 1 [입문]

티소믈리에 2급 자격 과정 교재

티의 정의에서부터 티 테이스팅의 이해.
티의 역사, 식물학, 티의 다양한 분류,
허브티, 블렌디드 허브티 등의
교육을 위한 개론서.

티소믈리에 이해 2 [심화_산지별 I]

티소믈리에 2급 자격 과정 교재

홍차의 이해에서부터 인도 홍차.
스리랑카 홍차, 다국적 홍차, 중국 홍차,
중국 흑차(보이차) 등의
교육을 위한 심화 교재.

티소믈리에 이해 3 [심화_산지별 II]

티소믈리에 1급 자격 과정 교재

녹차의 이해에서부터 중국 녹차,
일본 녹차, 우리나라 녹차, 중국 청차(우롱차),
타이완 청차(우롱차), 백차, 황차 등의
교육을 위한 심화 교재.

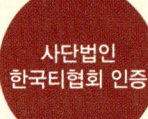

티소믈리에 이해 4 [심화_올팩토리]

티소믈리에 1급 자격 과정 교재

커핑(테이스팅)의 방법에서부터
식품 관능 검사, 맛의 생리학,
감각의 표현 기술, 올팩토리 등의
교육을 위한 심화 교재.

티블렌딩 1급, 2급 자격 과정 교재

티블렌딩 이해 1 [입문_블렌딩]

티블렌딩 2급 자격 과정 교재

티블렌딩의 정의에서부터 홍차 블렌딩의
기본 기술, 다국적 블렌딩 홍차,
가향·가미된 홍차, 허브티 블렌딩 등의
교육을 위한 개론서.

티블렌딩 이해 2 [심화_블렌딩]

티블렌딩 1급 자격 과정 교재

백차, 녹차의 블렌딩 기술에서부터
가향·가미된 녹차, 가향·가미된 홍차,
청차(우롱차), 흑차(보이차), 허브티 블렌딩,
한방차 블렌딩 등의 교육을 위한 심화 교재.

한방차 티테라피 1급, 2급 자격 과정 교재

한방차 티테라피 1 [입문_개론]

한방차 티테라피 2급 과정 교재

한의학의 기본인 음양학에서부터
정부학, 약리학, 그리고 다양한 목적으로
사용할 수 있는 한방차 재료 등의
교육을 위한 개론서.

한방차 티테라피 2 [심화_응용]

한방차 티테라피 1급 과정 교재

한방차의 티테라피의 다양한
응용 과정과 실습을 위한 심화 교재.

기초부터 배우는
힐링 허브티의
101가지 티블렌딩

2019년 5월 1일 초판 1쇄 발행
2022년 4월 15일 초판 2쇄 발행

지은이	사라 파르
번역	유주리
감수	정승호
펴낸곳	한국 티소믈리에 연구원
출판신고	2012년 8월 8일 제2012-000270호
주소	서울시 성동구 아차산로 17길 서울숲L타워 12층 1204호
전화	02)3446-7676
팩스	02)3446-7686
이메일	info@teasommelier.kr
웹사이트	www.teasommelier.kr

펴낸이	정승호
출판팀장	구성엽
디자인	심정희
ⓒ사진. 티블렌딩	이주현, 김지영/한국티소믈리에연구원

한국어 출판권 ⓒ 한국티소믈리에연구원(저작권자와 맺은 특약에 따라 검인을 생략합니다)

ISBN 979-11-85926-53-7(13570)

값 28,000원

이 도서의 국립중앙도서관 출판예정도서목록(CIP)은 서지정보유통지원시스템
홈페이지(http://seoji.nl.go.kr)와 국가자료공동목록시스템(http://www.nl.go.kr/kolisnet)에서
이용하실 수 있습니다.(CIP제어번호: CIP2019008603)